KB089094

빚쟁이 오케스트라 지휘자,
수백억 원의 부동산 자산가가 되다

제주도 경매왕

Copyright ⓒ 2017, 강신홍
이 책은 한국경제신문 *i* 가 발행한 것으로
본사의 허락없이 이 책의 일부 또는 전체를 복사하거나 무단전재하는 행위를 금합니다.

빚쟁이 오케스트라 지휘자,
수백억 원의 부동산 자산가 되다

제주도
경매왕

강신홍 지음

한국경제신문

베이비부머의 80%가 노후대책 없이 길거리로 내몰리고 있다. 셰익스피어의 희극에서 끝이 좋아야 다 좋다고 했는데 인생의 끝이 아름답지 못한 모습으로 막을 내리고 있다. 열심히 살았는데 왜 끝은 대다수의 사람들이 빈털터리가 되는가?

나는 그것에는 3가지 이유가 있다고 생각한다.

첫째, 어렸을 때부터 학교에서 남을 따라하도록 세뇌되어 My way, 즉 내 길을 갈 수가 없어진 것이다. 남 밑으로 들어가는 교육을 받고 자라 회사원, 근로자, 공무원 등 테두리 안에 갇혀야 맘이 놓이는 이들은 테두리가 벗겨지는 순간 거리로 내몰리게 된다.

둘째, 교육과 상황이 맞지 않아서다. 앨빈 토플러 박사의 말대로 공장 직원을 위한 교육을 받았는데, 정작 공장은 저임금 노동력을 찾아 외국으로 빠져나가 일자리가 없는 것이다.

셋째, 창의력과 상상력이 부족해서다. 예술적인 감성을 기르지 못하고 시대의 낙오자가 되어 폐품처리되는 경우다. 지금은 4차 산업혁명의 시대로, 인공지능이 직장을 잠식해가고 있다. 창의력과 상상력은 인공지능 시대에서 살아남을 수 있는 막강한 경쟁력을 부여하는데, 이를 살리지 못해 도태되는 것이다.

중국의 대문호 임어랑은 '젊은 시절 예술을 탐닉하지 못한 경우 심장이 굳어져 인간적이지 못한 노후를 맞는다'고 경고했다. 셰익스피어는 '좋은 음악을 듣고도 반응하지 않는 인간과는 말도 하지 말라'고 했다. 즉, 예술이 인간답게 만든다는 취지다.

프랑스에서는 악기 하나를 잘 다룰 줄 아는지, 경제적 여유가 있는지, 가진 만큼 사회에 베푸는지에 따라 중산층의 기준을 나눈다. 단순히 돈이 많고 적음보다 더 소중한 것이 있다는 얘기다.

문명의 선조격인 그리스 문명은 철학, 예술, 건강한 육체를 뜻하는 지·덕·체를 강조했다. 그런데 오늘날의 교육은 '덕'이 빠져 있다. 숫자와 삭막한 주입식 교육으로 일관한, 원숭이 길들이기 식의 교육으로 인간성을 말살하고 있다. 한 번 뿐인 인생인데 개인의 의사는 무시한 채 시키는 대로 꼭두각시가 되어 움직인다.

건강한 삶을 영위하기 위해서는 우선 먹고 살 만큼 경제적인 여유가 있어야 한다.

그다음은 올바른 인성교육(예술·철학·문학 등)이 필요하다. 무지하면 교만해지기 쉽고, 남을 지배하려 든다. 올바른 정신을 유지하려면 균형 감각을 잃지 말고 정진해야 한다. 삶에서 즐길 수 있는 것이 얼마나 많은지 아는가? 한번 태어난 인생, 여유 있게 모든 것을 즐겨야 하지 않겠는가? 이는 금수저로 태어난 자들의 영역이 아닌 부자가 되면 누구나 누릴 수 있는 권한이다.

부자가 되기 위해서는 7가지 덕목이 필요하다.

창의력과 상상력, 추진력이 필수 조건이고 통제력과 결단력도 매우 중요하다. 이를 바탕으로 통찰할 수 있는 직관력이 생기고 리더십도 갖출 수 있다. 부자는 내가 만드는 것이다. 자신의 장점은 부각하고 단점을 보완하면 성공은 그리 어렵지 않다고 생각한다. '성공의 반대말은 실패가 아니라 도전하지 않는 것'이란 말처럼, 목표를 세우고 도전해 포기하지 말고 끝까지 흔들리지 않으면 자신도 모르는 사이에 성공이 다가온다.

성공은 어렸을 때부터 다져진 금융교육이 한몫한다. 영국, 홍콩, 싱가포르, 아일랜드, 룩셈부르크 등 금융으로 성공한 나라들이 가장 선진국이다. 이런 금융교육은 영어나 수학보다 훨씬 중요하다. 하지만 우리나라를 비롯해 전 세계 대다수 학생들이 금융교육에 무관심하다. 대부분의 사람들이 성인이 되어서야 첫 월급을 손에 쥐면서 금융과 접하게 된다. 이미 뇌가 한창 자랄 때 금융교육을 해줘야 하는데 시기를 놓치는 것이다. 모든 국민이 알면 상류층이 무너질까 봐 불안해 일부러 금융교육을 빼는 것은 아닌지 의구심도 든다.

이렇게 불합리한 교육에서 탈피하려면 현 교육 시스템과 정반대로 가야 한다. 그런데 쉽지는 않을 것이라 필사적으로 탈출을 시도해야 한다. 갇히면 늪에 빠져 나올 수 없다. 갇힌 현실에서 탈출하라. 영화《빠삐용》의 더스틴 호프만처럼 탈출해서 싸우고 쟁취하라. 피하면 당하는 세상이다. 굴복의 종말은 다람쥐 쳇바퀴 돌리는 노예다.

진정한 자유를 얻으려면 경제적 자유가 먼저다. 돈 없이도 행복할 수 있다고 말하는 자는 2가지다. 진정 해탈의 경지에 올랐거나, 변명의 말로 현실도피를 하며 위안을 얻고자 안간힘을 쓰는 자다.

하나하나 쟁취하라, 그러나 서두르지 말고 포기하지 말라.
경제적 자유를 향해 진군하면 곧 고지에 다다라 인생의 파라다이스를 맛보게 될 것이다.

제주도 용두암 바닷가에서
강신홍

차 례

PART **05**　**인생을 바꾸고 싶은 자, 의식을 전환하라**

지독히 가난한
어린 시절

가난한 7남매

꿈과 현실은 너무 다르다.

꿈을 따르면 모든 게 가능하다고 믿어왔지만, 돈이 없으면 그 꿈이 실현 불가능하다는 것을 깨닫는 데 꽤 많은 시간이 걸렸다. 음악을 좋아했던 나는 어린 시절 연미복을 입고 지휘자가 되어 오케스트라를 지휘하거나 바이올린을 켜는 꿈을 자주 꿨다. 밥 먹을 때도 젓가락을 들고 허공을 젓고, 잠들기 전에도 양손을 크게 움직이며 격정적인 지휘 모습을 흉내 내곤 했다.

그러나 나의 꿈은 초등학교 시절부터 접어야 했다. 너무나 가난했기에 필요한 악기는커녕 오르간을 갖는 것조차 꿈이 될 수밖에 없었기 때문이다. 실밥이 뜯어진 운동화, 지퍼가 망가진 가방, 빛바랜 옷….

지독한 가난에 내가 가진 것들은 죄다 해지고 낡은 것뿐이었다.

우리 아버지는 7남매를 두셨다.

아버지는 일제 말기에 많은 경쟁자를 뚫고 그 당시 굉장히 어려운 공무원시험에 합격해 28년간 안정된 철도공무원으로 근무한 실력파였다. 오직 직장밖에 모르고 살았던 아버지는 부끄럼 없이 최선을 다했지만, 은퇴한 후 남은 것이라곤 할머니와 10명의 가족뿐이었다. 대식구를 혼자서 감당해야 했던 아버지는 강직한 성품임에도 생계가 궁한 탓에 닥치는 대로 일을 하셨다. 고물장사, 공사판 노동자, 목수 등 돈이 될 만한 일은 뭐든 하셨고, 그 고단함을 술과 담배로 달래셨다.

"공부 잘해서 서울대 가서 판검사가 되어라. 그래야 이 애비처럼 살지 않고 사람 대접 받는다."

아버지가 누누이 하시는 말씀이었다. 철도공무원으로 은퇴한 아버지에게 판검사는 부자가 되는 희망을 줄 수 있는 유일한 직업이었다. 술을 거나하게 걸치실 때면 자는 우리들을 깨워 같은 말을 반복하신 후 한쪽에 모로 누워 거친 숨을 내쉬며 잠이 드셨다.

공부를 잘한 형제들

형제들은 공부를 잘했다. 전교 1등을 도맡아 하는 형제들은 아버지의 자랑이었다. 시험 결과가 나오는 날, 아버지는 그날 받은 품 삯에서 돼지고기를 사서 신문지에 말고, 주머니가 불룩해지도록 눈깔사탕을 담아오셨다.

"너 이놈, 참 잘했다. 어서 먹어라."

뒤통수를 연신 쓸어내리시며 칭찬을 하는 형제들 사이에 나는 없었다. 어렸을 적부터 음악을 좋아하고 공부에는 관심이 없던 나 는 공부 잘하는 다른 형제들에 비해 환영받지 못한 아들이었다.

비교당할 때마다 자꾸만 작아지는 기분이 들었다. 비교는 나를 주눅 들게 만들었고, 자신감을 없애고 자존감에 상처를 줬다. 아버 지 입장에서는 잘되라고, 자극받으라고 한 말이지만 결과는 다른 방향으로 흘렀다. 좋은 자극을 주기보다는 의욕을 상실하게 만드 는 경우가 훨씬 많았다. 형제들과의 비교는 타인과의 비교보다 훨 씬 더 큰 중압감을 줬다.

나는 늘 열등의식 속에서 자랐으며 쓸모없는 인간이란 생각을 하며 희망 없이 청소년기를 보냈다.

중학교를 중퇴하다

난 만 22세까지 학력이 국졸이었다. 중학교 1학년 때 중퇴를 했기 때문이다.

중퇴한 첫 번째 이유는 가난이었고, 두 번째는 학교가 싫었기 때문이다. 나는 지금까지 초등학교 담임선생님의 이름을 기억하고 있지만 이는 좋은 이유에서가 아니다. 숙제를 하지 않거나 떠들기만 해도 대나무 자로 손등을 때리고 빗자루로 발바닥을 때리던 선생님의 얼굴이 뇌리에 박혔다. 그때의 고통과 아픔이 아직까지 생생하다.

집이 매우 가난한 탓에 중학교 입학 후에는 과목마다 새 책은커녕 중고조차도 살 수 없어 친구들의 책을 빌려보았다.

한번은 수학시간이었는데 책을 제때 빌리지 못해 영어책을 펴놓고 있다가 선생님에게 걸렸다. 선생님은 노발대발하며 내 볼을 잡아당겨 교단까지 끌고 가더니 양 뺨을 사정없이 내리쳤다. 책이 없는 이유는 물으려 하지도 않고 다짜고짜 때리기만 하니 아픈 것은 둘째치고, 억울하고 서러웠다. 게다가 몸집 좋은 놈을 반장으로 뽑아 선생님 대신 급우들을 매로 다스리도록 위임하는 모습은 굴복감과 모욕감을 줬다. 현 시대에는 있을 수 없는 일이지만, 우리가 학교 다닐 때만 해도 비일비재한 모습이었다. 이런 학교생활은 내게 회의를 들게 했다. 더 이상 학교에 다니기 싫었다.

"학교를 그만두겠습니다."

아버지께 말씀드리면 '곧 맞아 죽겠지…'라는 생각이 들면서도 더 이상 이런 학교에 다니고 싶지 않은 마음이 더 컸다. 노발대발할 것이라는 예상과 달리 아버지는 확고한 내 의지를 읽으셨는지 아무 말씀이 없으셨다. 그 틈을 타 내가 하고 싶은 일에 대해 처음으로 입 밖으로 꺼냈다.

"음악을 하고 싶습니다."
이런 내 말을 듣던 아버지는 말했다.

"살아보면 지금의 선택을 후회할 것이다. 네 발등을 찍을 것이야."

03
세상을 헤쳐 나가야 했던 14살

　학교를 그만둔 후, 챙겨주는 이 하나 없이 현실과 마주했다. 가난한 집안 사정에 닥치는 대로 뭐든 해야만 했다. 공사판 노동자, 신문배달, 공장 직원 등 여러 직종을 전전하다 16살 때 대구에 내려갔다. 이곳에서 악기점에 취직을 했는데, 기타 등 여러 악기를 제조·판매하는 곳이었다.

　"어, 으악…."

　왼쪽 손가락이 잘렸다.
　찰나였다. 바닥으로 핏방울이 후드득 떨어진다. 너무 눈 깜짝할 사이 일어나 이게 과연 현실인가 싶다.

기타를 만들기 위해서는 나무를 여러 번 기계에 넣어 얇고 부드럽게 펴는 롤링 작업을 거친다. 롤링을 거친 나무는 기계를 이용해 기타 형태로 자르게 되는데, 기계가 내려오는 속도에 맞춰 나무판을 제대로 넣었다가 빼야 한다. 이때 내려오는 기계 속도보다 손을 늦게 빼거나 손이 말려들어 가는 날엔 큰 사고가 나는데, 바로 오늘 그 사고가 터진 것이다.

러닝셔츠를 찢어 손을 감싼 후 잘린 손가락을 안고 서둘러 병원으로 향했다. 평생 손가락 없이 살아야 하는 두려움이 몰려왔다. 병원에 도착한 후 서둘러 소독을 마친 간호사는 의사선생님을 급히 호출했고 달려온 의사선생님은 바로 봉합수술에 들어갔다.

얼마의 시간이 흘렀을까?
눈을 떠보니 내 손엔 흰 붕대가 칭칭 감겨 있었다. 하루 뒤 접합 여부를 확인한다는 간호사 말에 제발 손가락이 움직이길 빌었다.

이튿날, 소독용구를 챙겨 들어온 간호사가 한 겹, 두 겹 붕대를 풀기 시작했다. 붕대가 풀려갈수록 내 마음이 타들어갔다.

"손가락을 움직여보세요."

꿰맨 실밥으로 둘러져 있는 손가락을 까닥이며 움직여보라는 의사선생님 말에 나는 조심스럽게 손끝에 힘을 모아보았다.

"어… 어…. 움직여요, 움직여!"

손가락이 움직인다. 아직 통증은 남아 있지만 미세하게 움직이는 손가락에 의사 선생님과 간호사가 다행이라는 말을 건넸다. 손가락이 움직인다는 사실에 긴장했던 마음이 사라지며 몸에 통증이 몰려오는 듯했다.

이후, 완쾌되기까지 한동안 병원을 다니며 치료를 받았다.

기타 판매를 하다

집과 병원을 오가며 치료를 받는 와중에도 생계는 이어나가야 했다. 치료가 끝나지 않은 탓에 기계작업을 할 수가 없어 기타 판매 일을 하기로 했다. 완성된 기타 6개를 한 묶음으로 두 묶음(기타 12개)을 만들어 양쪽 어깨에 짊어지고 부산, 마산, 대전, 울산, 포항, 경주, 경산의 악기점을 상대로 팔았다. 악기점에 물건을 넣고 팔리면 원가만 달라는 식(덤핑가격)으로 세일즈를 한 것이다. 브랜드 기타는 아니지만 품질이 우수하고 단가가 저렴해 찾는 이들이 있었다. 몇 달 뒤 수금하러 악기점에 가면 팔린 상품도 있고 안 팔려 반품되는 상품도 있었다. 팔린 상품 대금은 수금하고, 안 팔린 상품은 더 두거나 들고 돌아오는 식이었다.

가까운 거리는 하루에 가능하지만 마산, 삼천포 등과 같이 먼 거리는 여인숙에서 숙박을 하며 판매했다. 먼 곳에서 혼자 잘 때마다 느껴지는 무서움, 외로움, 서러움, 피곤함을 간직한 채 4년간 기타 판매직을 계속했다.

15살 때부터 외판원, 공장 직원 등 여러 직업을 전전해도 생활이 나아지질 않았다. 늘 배고픔을 달고 살았기에 배불리 먹어본다는 것은 상상도 못했다. 마른 몸에 거칠어진 손마디가 내 고단함을 표현해주고 있었다. 이대로는 안 되겠다는 생각이 들었다.

책과 현실은 다르다

노자는 '상덕약곡(上德若谷)', 즉 골짜기처럼 텅 비우고 나면 더 많은 것을 담을 수 있다고 했다. 돈이나 물질을 너무 밝히면 행복하기 어렵다는 의미다. 하지만 현실적으로 가난을 받아들이기란 쉽지 않다. 가난과 풍요 중 하나를 택하라고 하면 아마 10명 중 9명은 풍요를 택할 것이다.

현실의 가난과 배고픔은 합리적 판단까지 마비시켜 인생을 좌지우지한다.

배고픔에 자원입대하다

만 19세, 4년간 계속해온 기타 판매직도 마감했다. 공장이 문을 닫게 되어 실직을 하게 된 것이다. 다시 직장을 찾아 백방으로 수소문 하다 TV 기술학원에 등록했다. 6개월 과정을 수료 후, 전자상가 수리 센터에 취직해 전기 기술을 습득했다. 이 와중에 재래시장에서 메리야스 판매도 해봤다. 늘 혼자 살았기 때문에 밥도 제때 먹기 힘들었고, 끼니를 거르는 일도 다반사였다. 보통은 라면으로 불규칙하게 식사를 때우는 경우가 많았다. 추위와 배고픔은 이제 갓 스무 살이 된 나를 더욱 지치게 만들었다. 이러다 굶어죽겠다는 생각이 들었다.

'그래, 군대에 가자. 군대에 가면 세끼 밥은 챙겨주겠지.'

군에 자원입대를 신청했다. 군 생활은 힘들겠지만, 배고픔에 비하면 충분히 감내할 수 있을 것 같았다.

발목 잡은 학력

자원입대를 신청했지만, 학력이 발목을 잡았다. 국졸만으로는 입대가 어렵다는 것이다. 이 순간 국졸이란 게 그렇게 후회될 수가 없었다.

'결국 나란 놈은 할 수 있는 게 아무것도 없단 말인가?'

자원입대 신청이 좌절되어 고개를 떨어뜨리고 있을 때, 한 가닥 희망 어린 목소리가 들려왔다.

"혹시 특기가 있으신가요? 특기가 있으면 특례로 입대가 가능합니다."

"악기를 아주 잘 다룹니다. 최고로 잘 다룹니다."

어떻게는 군에 들어가고 싶은 마음에 과장을 섞어가며 나를 어필했다. 다행이 이런 자신감이 높이 평가되어 특례로 입대가 허락되었고, 군악대로 배치되었다.

녹록지 않은 군대생활

논산훈련소에 가보니 군대라고 상황이 낫지는 않았다. 내가 꿈꿨던 세끼 배부른 밥이 아니었다. 그래도 가끔 대민지원을 나가 벼를 베어주면 쌀밥이나 고구마를 얻어먹었는데, 이 맛이 꿀맛이어서 지금도 생각날 정도다.

군악대라고 편한 생활은 아니었다. 자다가도 밤중에 끌려가 이유 없이 몽둥이로 맞는 일도 많았고, 하루 종일 보초를 섰다가 교대하려고 들어오면 다음 교대자가 선임이라는 이유로 다시 보초를 나가라는 통에 밤새 잠을 못자는 경우도 허다했다.

고된 일과는 나뿐 아니라 후임들이 겪는 공통된 일과였다. 이런 생활에 나보다 10살이 많던 동기(처자식도 있었다)는 탈영해서 영영 돌아오지 않았다. 맞아서 죽은 후배도 여럿 보았고, 같이 보초를 섰던 헌병대 소속 병장이 M16으로 자기 머리를 쏘아 자살한 경우도 있었다.

부끄러운 학력

선임이 되자 후임들이 여럿 생겼는데 이들을 보며 내 학력이 부끄러워졌다. 서울대, 연대, 경희대 출신 후임에 비해 나는 국졸이었기 때문이다. 그간 열심히 살아온 세월이 허망하다고 느껴지며 자괴감에 빠졌다.

학교를 그만둔다고 했을 때 아버지가 하신 '살아보면 지금의 선택을 후회할 것이며, 네 발등을 찍을 것이다'라는 말씀이 뼈에 사무쳐왔다.

군 생활의 육체적·정신적 스트레스에 자괴감까지 겹치며 위장병이 생겼다. 이때부터 위장약을 복용하기 시작했고, 이때 발생한 위장병은 이 후 30년 동안 나를 괴롭혀왔다. 약을 달고 살았고 이로 인해 여러 번 입원도 반복했다.

식욕이 없고 소화가 잘 안되며 밥을 먹지 않아도 복부팽만감으로 시작한 위장병은 점점 악화되어 구토·구역질을 동반하고 심한 경우 토혈이나 하혈을 하는 날도 발생했다.

스트레스를 조금만 받아도 심한 위통에 두통까지 겹치는데, 위장병을 앓아보지 않은 사람은 그 고통의 정도를 알 수 없다. 설상가상으로 담당의사로부터 위장을 절제해야 한다는 선언까지 받게 되었으나, 다행히 이후 호전되어 절제하지는 않았다.

내 미래를 고민하다

제대를 한 달 앞두고 나온 말년휴가.

앞으로 어떻게 살아야 하는가 하는 암담함에 빠졌다. 군대에서는 어찌됐든 먹고 자는 문제가 해결됐지만, 제대하는 즉시 현실과 마주하게 된다.

거듭되는 고민에 무작정 목포로 가서 제주행 배인 도라지호 3등 칸에 몸을 실었다. 8시간 만에 도착한 제주에서 장래에 대해 심각하게 고민하기 시작했다.

'돈을 벌 것인가, 번다면 뭘 해서 벌 것인가',
'늦깎이 공부를 더 할 것인가, 평생 국졸로 살아가기엔 내 자신이 너무 초라하지 않을까….'

고심을 거듭하며 2박 3일 동안 하염없이 걷고 또 걸었다. 앞으로 어떤 어려움이 닥쳐와도 오늘 이 선택을 후회하지 않고 절대 포기하지 않겠노라고 결심했기에 더욱 어려운 선택의 갈림길이었다.

미래를 결심하다

이틀이 지나고 사흘째가 되던 날까지 고민은 거듭되었다.

먼저 무슨 일이든 닥치는 대로 해서 돈을 벌 생각을 하며 노후의 자화상을 떠올려봤다. 70대 무식한 늙은이가 돈만 있고 도박과 음주를 하는 퇴폐적인 모습이 연상되자, 고개를 가로저었다.

'내가 원하는 모습이 아니야…'

마지막 날, 드디어 결심했다.

공부를 더 하기로 한 것이다. 늦었지만 열심히 공부해서 교수가 되기로 결심했다. 평생 국졸로 살아가기엔 내 자신이 초라해 견딜 수가 없었다. 어렸을 때 호기롭게 학교를 그만둘 때만 해도 이렇게 자존감이 낮아질 줄 몰랐다. 이런 까닭에 아버지는 내게 학업중단을 후회할 것이라는 말씀을 하셨나 보다.

사투

군에 복귀할 시간이 되었다.

부산행 배를 타기 위해 선착장에 갔는데, 폭풍주의보로 배가 출항할 수 없다는 안내방송이 나왔다. 가진 돈도 다 떨어지고 잠잘 곳도 없는데 큰일이다.

선착장을 떠나지 못하고 서성거리길 몇 시간….

다행이 출항한다는 안내방송이 나와 간신히 배에 올라탔다. 배를 탔다는 안도감에 피로가 몰려와 눈이 저절로 감겼다.

1시간쯤 지났을까….

바닥에 앉아 벽에 등을 기대고 자는 내 몸이 갑자기 앞으로 푹 고꾸라졌다. 누가 날 일부러 밀쳤나 싶어 눈을 뜨고 사방을 둘러보았는데, 그때 집채만 한 파도가 밀려오는 것이 조그만 창문 밖으로 보였다.

'우르르 쾅… 쏴….'

파도는 순식간에 배를 집어삼킬 듯 덮쳤고, 배는 좌우로 심하게 요동쳤다.

'아, 이렇게 죽는구나….'

드넓은 바다, 성난 파도 앞에서 배는 한낱 종잇장에 불과했다. 매서운 파도를 뒤집어쓰고 성난 바다 물결에 휩쓸리는 모습은 공포 그 자체였다. 몇 시간 전 출항할 수 없다는 안내방송을 들었을 때만 해도 돈이 떨어져 잠잘 곳이 없단 이유로 제발 출항하기를 고대했는데, 그 배에서 생매장을 당하게 생겼으니 인생 참 아이러니했다. 극에 다른 죽음의 공포는 온 몸을 굳게 만들었다.

이렇게 사투를 벌인지 얼마의 시간이 흘렀을까. 다행히 파도가 잦아들었다.

하얗게 질린 뱃멀미

'으웩… 웩… 웩….'

죽는다는 공포에서 잠시 해방되자 구토가 나오기 시작했다. 위장병을 앓고 있는 데다 뱃멀미까지 심했으니 오죽하겠는가. 거센 파도가 몰아칠 때는 죽는 마당이라 뱃멀미조차 느끼지 못하고 있던 터였다. 파도가 잦아든 후 몸에서 솟구쳐 나오는 구토. 16시간 동안 계속되는 구토로 더 이상 기력이 남지 않았다. 마시는 물조차 그대로 토하기 일쑤였다.

　드디어 부산에 도착했다.

　하얗게 질린 얼굴에 다리마저 풀려 한 발짝도 뗄 수가 없다. 간신히 인근 여관에 통사정을 하고 하룻밤을 쉰 후 기차를 타고 군대로 돌아갔다.

06 검정고시를 준비하다

　말년휴가를 마치고 군에 복귀한 뒤 얼마 지나지 않아 정식으로 제대했다.

　나는 곧바로 서울로 가서 청계천 평화시장의 헌책방에 들렀다. 검정고시 준비를 위한 책을 구입하기 위해서다.

　생활비를 벌기 위해 낮엔 닥치는 대로 일을 했다. 외판원을 하고 속옷도 팔며 밤에 공부를 이어나갔다.

　이집, 저집, 아는 집, 모르는 집 가리지 않고 집집마다 들려 물건을 팔았다. 문전박대당하는 일도 많았고 욕을 듣는 경우도 많았다. 무작정 나가라는 거친 실랑이에 옷이 찢긴 적도 있었다.

　참았다. 참고 또 참았다.

　당장 먹고 살 끼니가 필요했고, 하루하루 다가오는 사글세 생각이 들었다. 무엇보다 학업을 이어가려면 책 살 돈이 필요했다.

　낮 시간의 고된 노동으로 밤이 되면 몸이 천근만근이지만, 한 눈 팔 시간이 없다. 어떤 어려움이 닥쳐와도 절대 포기하지 않겠노라는 각오를 하고 덤빈 선택이었다.

　그렇게 밤이 새도록 공부를 하고 잠시 쪽잠을 잔 후 다시 일을 하러 나갔다.

검정고시에 합격하다

　공부를 시작한 지 1년 후인 1978년, 중졸 검정고시에 응시해 당당히 합격했다. 너무 기뻤다. 지난 1년간 힘들었던 순간들이 주마등처럼 스쳐갔다.

　합격의 기운을 받아 다시 고졸 검정고시를 준비에 돌입해 1년 후 고졸 검정고시도 합격한 후, 3년 만에 대입 예비고사에 응시하게 되었다. 나보다 어린 학생들 틈에 끼어 시험문제를 풀어나가니 감회가 새로웠다.

07

꿈에 그리던 서울대

예비고사 성적이 나온 후 이듬해에 꿈에 그리던 서울대학교에 응시했다. 음악대학은 실기 비중이 높은데, 플루트를 전공한 나지만 제대로 된 악기를 살 만한 능력이 없었다. 사실, 음대는 돈 많은 부잣집 자녀들이 응시하는 경우가 많아 더욱 비교되었다.

그동안 플루트를 빌려 연습했지만, 실기고사를 앞두고 내 소유의 플루트를 마련하고 싶었다. 하지만 수중에 여윳돈이 많지 않던 나는 무작정 악기점들을 돌기 시작했고, 이윽고 1만 원짜리 플루트를 사게 되었다. 사실 이 플루트는 초보자들이 연습용으로 사용하는 것으로 전공자가 사용하기엔 무리가 있었지만, 내 플루트가 생겼다는 것만으로도 좋았다.

실기고사를 보다

　실기고사 보는 날 긴장한 마음으로 학교에 갔다. 친구들이 한 명씩 악기를 들고 나와 실기고사를 볼 때마다 나와 비교되는 친구들의 악기에 자신감이 사그라들었다. 다른 친구들 악기는 케이스부터 고급스러워 한눈에도 비싼 티가 났다. 거기 반해 내 플루트는 누가 봐도 초보 연습용이었다.

　주변에서 '킥킥…'거리며 웃는 소리가 들린다. 멋들어진 악기를 가져온 친구들이 옆 친구들과 곁눈질하며 나를 가리키고 있었다. 힘이 한껏 들어간 그들 어깨가 내 눈에 보였다.

　'멋지게 연주해서 이들 코를 납작하게 해주리라.'

　잘해야겠다는 부담감에 몸이 긴장됐다. 차례를 기다리는 동안 숨 고르기 연습을 하는데 집중이 잘되지 않는다. 숨을 쉬지 않고 다음 쉼표까지 프레이즈(자연스런 한 단락의 멜로디 라인)를 완성해야 하는데 긴장된 탓에 호흡이 빠져나가려고 한다.

　'강신홍, 너 이 정도 배짱도 없는 놈이었어? 외판원 할 때 욕 들은 거, 무시당한 거 벌써 잊은 거야? 정신 차려.'

정신이 번쩍 들었다. 내면에서 스스로에게 보내는 경고였다.

'그래, 이정도 긴장, 창피함쯤이야 이미 시장 바닥에 던져두고
왔다.'

드디어 내 차례가 되었다.
마음을 채찍질하며 주먹을 불끈 쥔 후 무대로 올라갔다.

꿈에 그리던 서울대

○○○○ 강신홍

분명 내 이름이다. 합격자 명단에서 이름을 찾던 내 손끝이 미세
히 떨렸다. 그래 해냈다! 합격이다. 1981년, 서울대학교에 합격한
것이다. 어깨에 한껏 힘주고 멋들어진 악기를 뽐내던 그 친구들을
제치고 내가 합격한 것이다. 게다가 차석으로 입학한 덕분에 4년
전액 장학금과 기숙사 입사라는 영
광도 얻었다. 자랑스러워 덩실덩실
춤을 추고 싶다.

서울대생이 되었기에 더 이상 굶
는 일 없고 가난으로부터 해방될 것
이라는 희망이 솟았다.

연습용 플루트

08

배고픈 서울대생

서울대를 다니면 삶이 윤택해질 거란 믿음이 허상이었음을 깨닫는 데는 그리 오래 걸리지 않았다. 당시 전두환 정권이 '대학생 과외금지령'을 내려 생활비를 벌 수가 없게 된 탓이다. 생활비가 없어 끼니를 굶는 일이 반복되자 위장병이 더욱 심해져 배가 뒤틀리기 시작했다.

학교 운동장 벤치에서 잠을 자고, 학생증을 맡기고 외상으로 빵을 사먹는 일이 생기면서 휴학을 생각하게 되었다. 학업조차 이어나가기 힘든 가난뱅이 신세였기 때문이다. 전공 교수님께 휴학의 뜻을 비치자, 교수님께서는 절대 휴학하지 말고 이겨내라고 응원해주셔서 휴학의 뜻은 접었지만 생활 형편은 최악이었다.

가난한 것은 부끄러운 것이 아니다. 하지만 그 가난이 나를 자꾸

필자

서울대 음대 기악과 단체사진

만 그늘진 곳으로 몰아세우고 있는 것 같다. 남들처럼 평범하게나마 살 수는 없는 걸까. 돈 걱정 없이 공부할 수는 없는 걸까.

여름방학 때면 아파트 건설장이나 도로 건설장에 가서 막일을 하기도 했다. 내리쬐는 뜨거운 태양에 땀이 비 오듯 흘렀고 다리가 후들거렸다. 검게 그을린 얼굴, 투박해진 손마디로 틈틈이 플루트를 연주했다.

겨울방학 때는 리어카에 연탄을 싣고 배달도 했다. 처음에는 안간힘을 쓰고 올라가야 하는 말랭이(오르막길)가 힘들었다. 도로 포장이 안 되어 있던 시절 서울에는 크고 작은 산말랭이(산동네)가 많았다. 내래백이(내리막길)이 나오면 '이제 살았구나'라는 안도감이 절로 나온다.

한번은 연탄 리어카를 끌고 겨우겨우 힘들게 말랭이를 올라갔더니 내래백이가 50m쯤 되었다. 이제는 편하겠다 싶어 내려가는데 브레이크가 없는 리어카에 속도가 붙기 시작했다.

연탄을 실은 리어카가 가속도가 붙자 통제가 안됐다. 이대로 가다간 죽게 생겼다. 결사적으로 눈에 띄는 오른쪽 밭고랑에 리어카 바퀴를 부딪쳐 스톱을 시켰다. 그 충격으로 리어카가 뒤집어지며 깨진 연탄이 굴러다녔다.

집세도 못내는 강사월급

1985년 대학교를 간신히 졸업했지만, 졸업 후에도 생활은 나아지지 않았다. 서울대만 졸업하면 내 인생의 별천지가 펼쳐질 줄 알았는데 그렇지 않음을 절실히 깨달았다.

졸업식 날 누님과 조카와 함께

서울대는 물론이고 서울근교 대학에 강사로 취직하려 해도 웬만한 유학 졸업장을 들고 와야 했다. 단순히 대학을 졸업한 것만으로는 구직이 성사되지 않았다.

그러던 중 제주교대에서 강사의 뢰가 들어왔다. 반가운 마음에 한걸

서울대 졸업증서

음에 제주에 내려갔다. 숙식을 해결하기 위해 제주도에 방을 구하러 제주 시내를 돌아다녔지만, 강사비로는 집세 내기도 힘들다는 것을 깨달았다.

3학점 두 과목의 강의를 맡을 예정이었던 내 강사료는 시간당 1만 원 내외다. 오전 9시 정도에 학교에 나와 저녁 9시 퇴근할 때까지 대부분의 시간을 수업을 준비하고 과제물을 채점할 예정이지만 강의 시간만 일한 시간으로 인정받는다. 그래서 1주일에 6시간, 시간 당 1만 원이 내가 일한 대가로 받는 돈이다. 한 달 꼬박 일해도 24만 원 내외이며, 방학에는 이마저도 받을 수 없다.

집 주인은 1년 치 방세로 120만 원을 요구했다. 1년 열심히 일해도 200만 원이 안 되는 수입에 생활비를 제외하면 집세 내기도 힘든 것이다.

결국 강사직을 포기하고 서울로 다시 돌아와 과외를 시작했다.
이때 과외한 아이들이 LG그룹(이때는 금성사) 사장 딸, 진로그룹
회장 딸, 청와대 비서실장 아들 등 주로 대기업 총수와 고위 공무
원 자제들이었다.

09

프랑스 유학을 가다

5년간 플루트 과외교습을 하며 모은 돈으로 유학을 가기로 결심했다. 대학 졸업장만으로는 변변한 직장을 구하지 못하고, 평생 이렇게 과외만 할 것 같았기 때문이다. 유학을 다녀와야 좋은 대학 강사 자리라도 얻을 수 있을 것 같았다.

내 나이 만 39세, 프랑스 파리로 떠나는 비행기에 몸을 실었다.

적지 않은 나이 탓에 미래에 대한 불안감이 드는 것이 사실이지만, 더 나은 미래를 개척하는 시발점이 되는 순간이라는 점에서 기대감도 컸다.

가난한 유학생

가난한 유학생의 파리생활은 매우 힘들었다. 학비가 면제인 파리지만, 아르바이트가 엄격히 금지되어 생활비를 벌 수가 없었다.

아내, 딸과 함께 떠났던 유학생활이었다. 방값을 아끼기 위해 가장 싼 렌트 하우스를 얻었다. 세 식구가 돌아눕기에 좁은 침대에 간신히 모로 누워 잠을 청했다.

어두컴컴한 교실 구석에 처박혀 낮에는 식은 도시락을 먹고, 저녁에는 근처에서 사온 햄버거를 꾸역거리며 먹을 때마다 나는 서울에 있는 내 연배들을 생각하면서 '다 늦게 무엇 하는 짓인가' 하는 후회도 했다.

프랑스 유학 시절 방문한 베토벤 생가　　　베토벤이 연주했던 피아노 앞에서

프랑스 국립음악원 플루트 디플롬(학위 수여증)

1994년 4년간의 파리 유학생활을 마치고 한국에 도착했을 때는 모아뒀던 전 재산 4,000만 원을 이미 다 썼다는 것을 깨달았다. 호주머니에 남은 프랑스 동전 몇 개가 전 재산이었다.

나아지지 않은 삶

유학 중 둘째 딸이 태어나 우리 가족은 이미 4식구가 돼 있었다. 가진 돈이 없다 보니 빚을 얻어 신림 7동 난곡 달동네 반지하에 이사했다.

취업 자리를 알아보다가 대학교에 출강을 가게 됐다. 전북대, 군

오케스트라 지휘 모습

산대, 계원예고, 신학대에 출강을 다니며 빚을 조금씩 갚아나갔다. 1999년에는 분당에서 청소년 오케스트라를 만들었다. 청소년 교향악단을 지휘하며 열심히 산다고 살았으나 45살이 되도록 아직도 반지하를 전전하는 상태였다. 그사이 셋째 딸이 태어나 다섯 식구로 불어나 있었다.

귀국 초에는 열심히 강의하고 지휘하면 학교에 자리를 잡을 수 있으리란 마음으로 하루를 쪼개어 강의실과 연주에 전전했다. 하지만 연주 업적과 강의의 경력과는 다른 무언가가 자리에 결정적인 영향을 미치고 있음을 깨달았다.

정규직 교수가 되는 게 워낙 '좁은 문'을 통과해야 하기도 하지만, 채용에서 실력이나 학문적 성과만이 아닌 돈 뿐만이 아니라 학연, 지연 등 복잡한 알력 관계가 작용한다.

아마도 우리나라만큼 젊은 박사들의 인건비가 싼 나라는 세상에 그 유례를 찾을 수 없을 것 같다. 갓 나온 젊은 박사들이 한 달에 100만 원 정도의 수입을 올리기 위해서 매일같이 이리 뛰고 저리 뛰고 있는 모습은 이 나라의 미래를 보는 듯해서 가슴이 저려온다.

음대를 나온 아빠의 영향인지 큰 딸, 작은 딸, 막내까지 모두 음악 전공을 원해, 첫째는 바이올린, 둘째는 플루트, 셋째는 첼로를 전공하고 있었다. 하지만 너무도 좋아했고 천직으로 알고 지내던 오케스트라 지휘자로서 버는 수입으로는 딸들의 꿈을 지원하는 데 한계가 있었다. 안타까움에 스스로 무능한 가장이라고 자책했다.

플루트 학원을 차리다

일을 늘려야겠다.

내 전공을 살려 플루트 학원을 차리기로 결심했다. 집 근처인 분당에서 학원자리를 알아보는데, 가진 돈이 없다보니 세가 비싼 자리는 그림의 떡이었다. 한겨울, 혹독한 추위를 견디며 몇 바퀴를 돌았는데도 지하 외에는 가격에 맞는 자리가 없었다. 며칠을 허송세월 보내다 마지막이라 생각하고 다시 학원 자리를 물색하기 시작했다.

지성이면 감천이라고 했던가!

보증금 500만 원/월 30만 원인 2층 상가가 나왔다. 너무나 감격
스러웠다. 전용면적 20평, 현재 빵가게의 부속공장으로 사용 중인
이곳이 나온 것이다. 2층인데 어떻게 이렇게 싼 가격에 나올 수 있
는지 의문이었지만, 어쨌든 내게는 행운과 같은 자리였다. 그렇게
서둘러 계약을 마쳤다.

경매를 만난 후
뒤바뀐 내 인생

10 경매를 알게 되다

학원을 개원한 지 얼마의 시간이 흘렀다.

어느 날 내가 세 들어 있던 학원 소유주 아주머니(서울 농대 출신으로 감정평가사다)와 이런저런 이야기를 나누다, 내가 아직 집이 없다는 말을 듣고 놀라했다. 프랑스 유학까지 다녀온 후 대학에 출강을 나가고 있기에 당연히 자신의 집을 소유하고 있을 것이라 생각했다고 한다.

"선배님, 경매로 집 한 채 사드릴까요?"

내 사정을 들은 아주머니가 뜬금없이 나에게 묻는다(서울대 출신이라 나를 '선배님'이라고 불렀다).

"네에? 경매요? 그거 조폭이나 하는 거라던데… 게다가 들어서 아시겠지만 유학 갔다 와서 빚이 4,000만 원이라 가진 게 전혀 없어요."

나는 손사래를 쳤다. 그러면서도 한 편으로 솔깃했다. 이 건물도 경매로 낙찰받았기에 싼 가격에 세를 놓을 수 있었다는 말을 들었기 때문이다.

"근데…, 경매는 어디서 하는 겁니까?"

가진 돈이 없음에도 솔깃한 마음에 질문을 했다. 성남법원에서 한다는 아주머니의 말을 듣고 나는 화들짝 놀라 다시 물었다.

"아니 왜 죄도 안 지었는데 법원에 가야 됩니까?"

'법원'이란 말에 두 눈이 커지며 화들짝 놀라는 내게 아주머니는 웃으며 차근차근 말해주었다.

"경매는 법원에서 파는 물건이니 법원으로 가는 거예요, 법원 한쪽에 경매법정이 있는데 매주 월요일 경매가 진행되니 가보세요. 조폭은 없고요, 아주머니들도 많이 오고 가끔 스님과 군인도 있어요."

법원 위치를 알려달라 하니 전철 남한산성역에서 내리면 성남법원이 있다고 말해준다.

'경매라….'

아주머니가 자리를 뜬 후로도 나는 한참 동안 생각에 빠졌다. 고민을 거듭하다 아주머니가 없는 소리 할 사람은 아니구나 싶었다.

처음으로 법원에 가다

다음 주 월요일이 되자 바로 성남법원으로 향했다. 처음 와보는 법원이 낯설고 무섭기도 했지만 아주머니 말대로 조폭은 없었다. 20대부터 80대까지 남녀가 반반 정도 섞여 있었다.

"경매 정보지 있어요, 따끈따끈한 정보지 팔아요."

현장에서 2,000원 주고 경매 정보지를 사서 11시 30분에 있는 낙찰 결과를 참관했다. 보아하니 사람들이 서류를 비밀스럽게 적은 후 제출하는 거였다. 분위기가 험할 것이라는 예상을 뒤엎듯 아이를 안고 오는 아주머니도 있었다.

'아하, 경매라는 것이 이런 거구나.'

평생 처음 방문한 법원에서 벅차오름을 느꼈다. 나도 입찰해보고 싶다는 마음이 솟구쳤다.

| 경매 실력 더하기 |

경매 입찰은 해당 물건의 소재지 담당법원에서 입찰을 한다.
즉 성남물건은 성남지원, 인천물건이면 인천지방법원으로 해당 매각
기일에 방문한다.
서울 동작구 물건은 서울중앙지방법원, 서울 서대문구 물건은 서울서
부지방법원에서 매각을 하듯, 소재지에 따라 관할법원이 다르다. 경매
물건을 검색하면 매각법원, 매각기일이 표기되어 있으므로 반드시 해
당 매각기일에 법원을 제대로 찾아가야 한다.

경매 물건은 법원경매경매정보(www.courtauction.go.kr)에서 찾는다.
상단의 '경매 물건'을 클릭해 물건상세검색을 눌러 검색하면 된다.

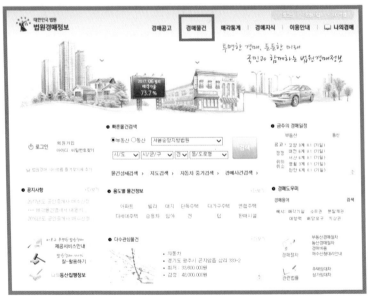

법원경매정보 홈페이지

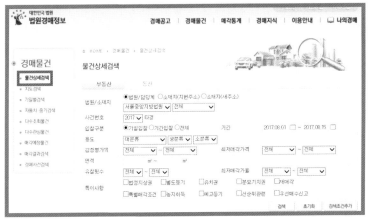

물건상세검색을 통해 원하는 물건 종류를 선택한다.

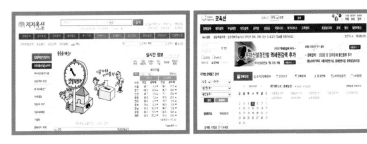

다양한 유료 경매 사이트

경매 정보 사이트 선택

경매 물건은 무료로 검색할 수 있는 법원경매정보 사이트와 일정금액을 내고 이용하는 민간업체의 경매 유료사이트(지지옥션, 굿옥션, 스피드옥션, 태인경매 등 다수)가 있다. 유료사이트는 법원경매정보의 경매 물건을 반영하고 이에 등기부를 발급해서 올려놓고 권리분석을 해놓는 등 이용자들에게 여러 가지 편리한 점이 많다.

법원경매정보는 매각기일 14일 전의 기간 내에 있는 경매 물건만 검색되고, 매각물건명세서는 매각기일 1주일 전에 공시되는 데 반해, 유료 경매 사이트는 매각기일 기간에 관계없이 항상 검색이 가능하다는 점이 편리하다.

처음부터 유료사이트를 이용하기에는 비용의 부담이 있을 수 있으므로 무료인 법원경매정보 사이트를 이용하다가 본인에게 맞는 유료 경매 사이트를 선택해 가입하는 것도 좋을 것이다.

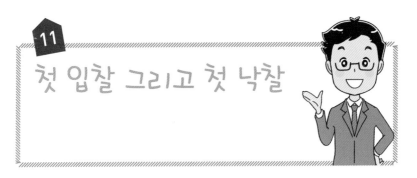

첫 입찰 그리고 첫 낙찰

경매 정보지에 적힌 매각예정 물건지를 직접 찾아갔다. 매각기일은 일주일 후다. 이렇게 현장에 가보는 것을 경매 용어로 '임장'이라고 부른다는 것을 나중에야 알았다.

성남시 상대원동 반지하 빌라로 전용면적 20평대, 방 3개짜리였다. 7,000만 원 감정가가 3회 유찰되어 이번 최저가가 4,480만 원이었다. 산비탈로 경사가 심해 한참을 올라가는 동네여서, 현재 반지하에 살고 있는 내가 생각해도 세가 나갈까 할 정도로 언덕배기였다. 불안한 마음에 감정평가사인 주인집 아주머니에게 조언을 구하고자 전화를 했다.

"다음 주에 매각기일인 물건인데, 집이 너무 언덕배기에 있어 과연 세가 잘 나갈까 도통 감이 안 잡히네요."

"선배님, 괜찮습니다. 성남은 인구가 많고 수요가 넘치니, 경사가 심해도 세는 잘 나갑니다. 걱정 마세요."

아주머니의 말을 듣고 걱정된 마음이 다소 내려갔다. 물건지를 확인하고 온 그 다음 주 월요일에 다시 성남법원을 찾았다.

첫 입찰, 첫 낙찰

역시 9시 30분부터 사람들로 붐비고 있었다. 입찰서를 받아 들고 나와 나의 전 재산인 마이너스 통장에서 빼낸 450만 원을 수표로 바꿨다. 입찰서에 입찰 보증금 450만 원을 쓰려는데, 가슴이 쿵쾅거리고 볼펜을 쥔 오른손이 덜덜 떨려 글씨가 자꾸 삐뚤빼뚤해졌다.

입찰금액을 45,555,555원이라고 간신히 적고 입찰봉투를 집행관에게 접수한 후, 자리에 앉아 발표를 기다렸다. 12시쯤 입찰서 정리가 마쳐지자, 사건번호 순서대로 낙찰자를 호명하기 시작했다. 드디어 내가 접수한 사건번호 차례다. 귀를 쫑긋 세우며 긴장하고 있는데 갑자기 나를 부르는 방송이 들린다.

"낙찰자, 강신홍 씨 나오세요."

순간 어안이 벙벙했다. 나도 모르게 자리에서 일어나 나가면서
도 혹시 내가 잘못 들은 건 아닐까 고개를 갸우뚱했다. 같은 사건
에 입찰한 다른 입찰자들은 입찰봉투를 돌려받는데, 내게는 최고
가매수인 확인증을 주고 입찰봉투는 돌려주지 않은 것을 보며 낙
찰을 받았다는 사실을 깨달았다.

첫 입찰인데 낙찰이 되다니… 신통방통했다.

첫 낙찰의 기쁨이 채 가시기도 전, 잔금을 준비해야 함을 알게 되
었다. 입찰보증금은 마이너스 통장으로 가까스로 준비했지만, 나
머지 잔금을 어떻게 하란 말인가? 솔직히 낙찰받았으면 하는 마
음보다는 연습 삼아 입찰 한번 해보자는 마음이 더 컸던 물건이
었다. 그런 물건에 떡 하고 낙찰을 받아버렸으니 돈이 없어 눈앞
이 캄캄해졌다.

밖으로 나오는데 대출알선 아주머니들이 몰려와 명함을 주는 게
아닌가. 집으로 돌아와 명함에 적힌 번호를 꾹꾹 눌러 전화를 걸
었다. 사건번호를 불러주자 이내 전화를 준다고 하며 끊었다. 얼마
후 우리은행에서 2,000만 원까지 대출이 가능하다고 연락이 왔다.
천만다행이지만 아직도 2,000만 원이 부족하다. 고민을 거듭하다
아내의 사촌언니에게 2개월 후 전세금을 빼서 갚을 테니 2,000만

원을 빌려달라고 했고, 사촌언니는 이자로 10%를 요구했다. 이렇게 마련한 대금으로 잔금 납부를 했다.

첫 명도

임차인을 만나러 가는 길, 첫 명도라 가슴이 두근거렸다.
'강해 보여야 기싸움에서 밀리지 않을까?'
'아니야, 나도 돈이 없으니 제발 쉽게 나가달라고 부탁하는 게 나을까?'

가는 내내 머릿속이 복잡했다. 나도 적정금액의 이사비는 고려하고 있었지만, 너무 과한 금액을 부르면 어떡하나 내심 걱정되기도 했다.

다행히 임차인과 협상이 잘돼 100만 원의 이사비를 지급하고 명도를 마무리했다. 이사 간 뒤 도배, 장판을 새로 하고, 청소까지 말끔히 한 후 부동산과 벼룩신문에도 광고를 냈다. 며칠 후 전세를 얻고 싶다는 전화가 걸려왔고, 같이 집을 보러 가기로 했다.

성남시 상대원 1400번지.
비탈길을 올라가 내부 상태를 보여주자 대뜸 대출이 얼마나 설정돼 있냐고 묻는다. 우리은행에 2,000만 원의 대출이 있다고 말하니 팔 생각은 없느냐고 물어왔다. 매매는 5,700만 원을 받아야 한다는 내 말에 바로 대출승계하고, 매매로 계약하자고 하는 게 아닌가! 그 길로 바로 밑에 부동산 사무소에 가서 매매 계약서를 작성했고, 나는 앉은 자리에서 1,000만 원을 벌게 되었다.

'아… 1,000만 원을 이렇게 쉽게, 큰 노력 없이도 벌 수 있구나. 이거 참 괜찮은데…!'

전국의 빌라왕이 되다

첫 낙찰을 필두로 시작한 경매가 지금까지 계속되고 있다. 낙찰 가격의 80%를 제2금융권에서 대출받기 때문에 1,000만 원으로 살 수 있는 반지하가 수두룩했고 이보다 싼 반지하 빌라도 많았다.

돈이 없는데 어떻게 경매를 계속할 수 있었는지 묻는 사람이 있다. 사실 수십 채의 집을 낙찰받으면서도 내 자본이 들어가는 경우는 많지 않았다. 한 마디로 무피 투자다. 무피 투자가 가능했던 이유는 간단하다.

예를 들어 800만 원의 대출을 받는 경우 잔금, 취득세, 명도, 도배, 장판 등 500만 원 정도의 비용이 소요되는데, 이는 대부분 보증금에서 전액이 회수되었다. 보증금 500만 원에 월세 20만 원으로 세를 놓아도 잘 나가기 때문이다. 내 돈 없이도 집이 수십 채로 불어나 있었던 것이다. 대출을 일으키고, 월세·전세로 세를 놓기도 하고, 매매를 해서 바로 양도차익을 얻기도 했다.

양도소득세, 지방소득세를 내면서 끊임없이 투자를 거듭하다 보니 어느 덧 7년의 세월이 흘렀고, 집은 200채로 불어났다. 반지하뿐 만 아니라 1층, 2층, 3층 빌라로 낙찰 범위가 넓어졌다. 여기에 단독주택까지 낙찰받으며 규모가 눈덩이처럼 불어났다. 수도권과 지방을 가리지 않았다. 한 법원에서 20채의 빌라를 낙찰받은 적도 있다.

그 결과 수도권, 광주, 수원, 용인, 의정부, 인천, 대구, 부산 지역에서 많은 수의 빌라를 소유하게 된 전국의 빌라왕이 되었다.
가장 수익이 많은 곳은 성남 재개발용 빌라였고, 그다음이 의정부, 남양주, 동두천, 양주, 포천 빌라였다. 그 외에도 용인, 수원, 경기도 광주에 대박을 터트린 빌라가 있다.

13 내가 반지하를 좋아하는 이유

   내가 반지하를 주로 공략한 이유는 바로 사람들이 기피하는 물건이었기 때문이다. 방범 우려, 낮은 일조량 등을 거론하며 이곳에 투자하길 꺼린다. 이왕이면 다홍치마라고 사람들은 반듯한 1~4층 빌라를 원한다. 당연히 사람이 몰리는 1~4층 빌라는 레드오션이 되어 치열한 경쟁 속에 낙찰가가 올라간다. 하지만 반지하는 기피하는 물건이라, 감정가보다 턱없이 싸게 낙찰받을 수 있다. 즉 1~4층 빌라보다 수익률이 훨씬 높은 것이다.

   역발상이란 이런 것을 두고 하는 말이 아닐까? 반지하라도 정상 빌라와 똑같이 대지 지분을 갖고 있기 때문에 나중에 재건축 시 땅값으로 승부해도 수익이 높다.

   잘 관리된 반지하는 옥탑방 못지않고, 심지어는 맨 꼭대기 층 원

도배와 장판으로 얼마든지 깨끗하게 변할 수 있는 반지하

룸보다 낮다는 것이 내 생각이다.

주택의 반지하는 일단 평수가 넓다. 1.5평의 고시원에 비해 조금
만 돈을 더 보태면 넓은 집에서 살 수 있다. 짐이 많거나 2인 이상
거주하는 사람들에게 낮은 월세에 이런 규모를 찾기 힘들다.

아파트는 NO!

내가 고수하는 투자 원칙 중 하나는 절대 아파트에 투자하지 않
는 것이다.

대체적으로 아파트는 빌라보다 층수가 높다. 4층 정도인 빌라에

비해, 아파트는 40층을 훌쩍 넘는 경우도 많다.

강남 도곡 타워팰리스는 70층, 아이파크 60층, 압구정 아파트도 40층이 넘으며, 부산 마린시티 제니스 아파트는 85층이다. 이들 아파트의 등기사항증명서(등기부등본)을 열람해보면 고층 아파트일수록 세대면적 당 대지지분이 적다(많아야 4평 정도). 건물은 30년만 지나면 재건축 대상이어서 건물 자체는 가치가 없고, 땅(대지)만 남게 된다.

다시 말하면 70층 아파트 30억짜리가 30년 지나면 땅 3평만큼으로 가치평가되고 건물은 멸실 대상(철거)이다. 땅 3평에 30억이 갈까? 도저히 그럴 가능성은 없다고 본다(물론 지역에 따라 다르다). 높게 잡아 땅 1평에 3억씩, 대지권에 해당하는 금액이 10억이라 치더라도 앉아서 20억을 손해 보는 구조다.

경매 초보자들이나 자칭 고수라 말하는 사람들이 아파트 경매를 추천하고 낙찰받는 것을 보면 그저 '금융적 자살행위를 하고 있구나'라는 생각이 든다.

그럼에도 불구하고 왜 많은 사람들이 아파트 물건에 몰두할까? 이 점에 대해 생각해본 적이 있는가?

경매 학원이나 재테크 특강에서도 초보자들에게 아파트 경매를 추천한다. 이유는 경매의 내막을 모르는 사람이 80% 이상 되기 때문이다. 나머지 20%의 사람들은 아파트 경매의 내막을 알면서도 투자를 한다. 일종의 도박중독증과 비슷한 현상이다. 즉, 어떻게 해서든 빨리 수익을 내려고 안달하는 경우, 아니면 한방에 성공하려는 사람, 또는 매매 수익만 노리는 사람이다.

지하 화장실 변기는 닦기 싫고, 돈을 빨리 벌고 싶은 사람, 금융교육을 받아보지 못한 상태에서 그저 은행 융자로 투자하려는 사람이다.

아파트는 도박이다

아파트 경매는 경마장 도박이나 주식과 비슷하다고 생각된다. 이유는 매매차익만 노리는 한탕주의가 만연하기 때문이다. 이는 경기가 호황일 때는 그나마 낫겠지만, 불황일 때는 쪽박의 위험성을 안고 있다.

한 예로 뉴스에도 보도된 적 있는 인천에 거주하던 아파트만 15채 낙찰받은 사람은 근저당 9억 원의 대출이자를 갚지 못해 결국 일가족이 자살을 선택했다. 또한 아파트만 77채 가졌던 부동산 회장님 사건을 알고 있는가? 리무진 타고, 회장님 소리 듣는 사람이 금융위기가 오자, 이자를 갚지 못해 결국 파산 및 사기 혐의로 구속되었다(매스컴에 나왔던 사람이라 대다수 알고 있을 것이라 생각이 든다). 금융위기가 오자 분당, 강남, 용인 등 아파트가 직격탄을 맞아 값이 반 토막 나 대출 이자만 월 5,000만 원 씩 막았다고 한다. 전세금을 빼서 이자를 막아봤지만, 여의치 않자 파산하게 되었다. 집들은 경매로 줄줄이 넘어가고 투자자로부터 고소까지 당해 사기혐의로 구속된다. 2008년 금융위기 때 전국 아파트에서 사라진 시가총액이 총 200조라고 신문에 보도된 적이 있다.

한탕주의를 주의하라

가진 것도 없고 미래도 없고 현재의 수입으로는 희망이라는 게 없으니 빠져드는 편법 수단이 바로 도박과 투기다. 이는 열심히 살면서 돈을 모으자는 정석을 잊게 만든다.

어찌 보면 투기하는 게 자본주의의 그늘하에 만들어진 것이라는 생각이 든다. 재개발한다고 하면 투기꾼들이 달려들고, 주식시장은 자본 끌어다가 작전 주 만들어서 돈 먹고, 파생 상품으로 돈 먹고, 벌면 2~3배의 차익을 한순간에 얻을 수 있고, 잃으면 전 재산을 날리며 자살하고….

투기든 도박이든 중독되면 끊기 힘들 듯, 한탕주의도 마찬가지다. 한번에 일확천금을 노리는 사람들, 잃었으면 본전이라도 찾겠다는 심리로 계속하는 사람들, 벌었으면서도 단기간에 더 벌 욕심에 더 많은 돈을 넣는 사람들.

결국 남는 건 빚과 오락가락하는 불안한 인생이다.

택시기사의 후회

작년 12월경, 김포공항에서 택시를 탔는데 50대 후반으로 보이는 택시기사가 매우 화가 나 있었다. 하루아침에 자신의 반포아파트 7억 5,000만 원짜리가 5억 5,000만 원으로 떨어졌다며 기가 막힌다고 투덜거렸다. 몇 평대 아파트내고 물으니 중·대형 아파트라고 했다. 내가 가장 기피하는 면적이 큰 아파트다.

"아이고, 손해가 커서 맘고생 많으시겠어요."

작은 위로를 건넸다. 속으로는 '작은 평수를 사지, 왜 큰 걸 사셨을까⋯'라는 안타까움이 들었다.

택시기사는 이렇게까지 떨어질 줄 몰랐다며 심지어 부인이 공인중개사라고 한다. 이 일로 부부간에 심각한 가정불화가 생겼다고 말했다.

사람은 지난 번 겪었던 사건을 너무도 빨리 잊는 것 같다. 반드시 원칙이 필요함을 다시 한 번 느꼈다. 위기는 항상 3년 주기로 오지만, 이마저도 점점 짧아지는 추세다. 1997년 외환위기, 2004년도 위기, 2008년도 미국발 모기지론 금융위기, 2014년 세월호,

2015년 메르스 사태, 2016년 최순실·박근혜 국정 농단에 의한 탄핵, 중국발 사드, 미국 금리 인상과 트럼프 대통령발 위기 등 2년에 한 번씩 위기가 오는 경향이다. 그때마다 아파트가 제일 타격받는다. 아파트 경매를 할 바에야 차라리 주식을 하라고 권하고싶을 정도다.

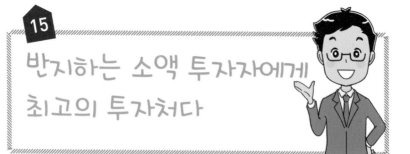

반지하는 소액 투자자에게 최고의 투자처다

처음 경매에 임하는 사람들이 손에 쥔 자금은 많아야 4,000만 원 정도다. 물론 더 많은 자금이 있는 사람들도 있겠지만, 평균 수치가 그렇다. 이 돈을 갖고서 아파트 한 건 하다가 잘못되면 전 재산이 날아가거나 묶여서 옴짝달싹도 못하게 된다.

나라고 반지하가 좋아서 했을까? 절대 그렇지 않다.

내가 수 백 채를 낙찰받고 높은 수익을 내는 모습을 보며 경매를 배우고 싶다고 찾아오는 이들이 있다. 나는 그들에게 딱 한 가지를 묻는다.

"반지하 변기 300개 닦을 자신 있는가? 그 정도 각오는 하고 왔는가?"

하지만 대부분 악취, 불결함을 떠올리며 손사래를 치는 경우가 많다.

경매는 각오다.

가족을 위해서라면 목숨도 바치는데, 그 정도 악취와 불결함 정도는 견딜 각오를 해야 한다.

게으른 자의 변명

10년째 내가 하고 있는 부업이 또 하나 있다. 낙찰 건물 리모델링 감독이다. 일용직(일명 '노가다'라고 부름)인부들을 데리고 하는 작업인데, 여기서 인부들이 제일 힘들어하는 일이 '곰방'이다.

곰방이란 벽돌이나 모래를 지고 하루 종일 높은 곳을 오르내리면서 하는 일을 말한다. 오전 4시간, 점심 식사 후 오후 4시간의 작업 시간 동안 끊임없이 짊어지고 오르내린다. 특히 더운 여름은 비 오듯 흐르는 땀방울에 몸과 마음이 지쳐가며, 추운 겨울은 뼛속까지 에이는 칼바람에 몸과 마음이 얼어간다. 혹독하고 힘든 육체노동에 마치 시베리아 죄수들 같다고

힘든 곰방일

느껴지기도 한다. 이렇게 힘든 노동 와중에 허리라도 삐끗하면 병원은 고사하고 파스로 연명하면서 노동 시간에 빠지지 않는다. 이 일마저 없으면 굶게 되는 가족들이 있기 때문이다.

이런 인부들을 볼 때마다 고작 화장실 악취와 반지하의 환경 때문에 반지하를 낙찰받기를 거부한다면 그건 게으른 사람들의 변명에 불과하다는 생각이다.

게으름이란 육체에만 있는 것이 아니다. 바로 정신적 게으름이 뒤따른다. 그래서 게으른 자는 변명과 핑계가 많다.

입과 잔머리만 부지런한 사람들

게으른 사람들은 합리화의 고수가 된다. 게으름이 또 다른 게으름으로 이어지는 것은 자기합리화가 끝없이 일어나기 때문이다. 게을러서 손가락 하나 까딱하지 않는 사람에게 유독 부지런한 부분이 있으니 그것은 바로 '잔머리'와 '입'이다. 변명의 순간만큼 게으른 사람이 부지런해질 때는 없다.

게으른 자는 시기와 질투가 많다.

대개 보면, 게으른 자는 남을 비난하기를 좋아한다. 자기가 못 따라 가겠으니까, 뒤에 앉아서 비꼬고, 비난하고 비방하게 된다. 또한 모든 책임을 남에게 돌린다. 내가 못 배운 것은 가난한 부모 때문이고, 내가 못 사는 것은 저 사람 때문이고, 사회 때문이고, 무엇 때문이고….

끊임없이 책임을 전부 남에게 돌리고 나는 아니라는 것이다.

그대가 진정 돈을 벌고 싶다면 이런 변명을 늘어놓지 말라.

'한계에 도전한다'라는 말을 자주 듣는다.

이 '한계'라는 말에 의미가 있다. 한계를 넘어설 수는 없다. 마라톤 선수들이 아무리 뛰어봐도 한계가 있다. 인간이 뛸 수 있는 한계가 있는 것이다. 흔히 '기록'이라는 말을 하지만, 그것도 한계 안에 있는 것이다. 한계를 넘어선 것이 아니다. 그러므로 한계를 넓히려고 한다든가, 넘어서려고 하는 망상, 이것은 그릇된 것이다. 하지만 한계에 대해 불안해할 필요도 없다. 주어진 한계를 똑바로 알고, 한계 안에서 최선을 다하는 생을 사는 것이 '부지런'이다.

내게 주어진 시간과 여건에 대해 사명의식을 가지고 임하는 것이다.

매 달 2,000만 원의 월세가 들어오다

현금이 아닌 자산에 투자해야 한다. 그것도 우량자산 말이다.

15년 전, 금 한 돈 가격은 약 4~5만 원 선이었으나 현재는 약 21만 원 정도다. 4배 이상 오른 것이다. 물론 모든 자산이 이렇게 큰 폭으로 오른 것은 아니다. 따라서 이런 우량자산에 투자해야 한다. 그렇다고 지금부터 금에 투자하란 이야기가 아니다. 국가는 계속해서 많은 양의 화폐를 발행해 매년 통화량 상승을 불러오고, 이에 나날이 화폐가치는 하락하고 있다.

스스로 노력하는 재테크를 귀찮아하는 분들이 있다.

적금과 예금 그리고 더 나아가 펀드에 투자하고 가만히 두면 불어나겠거니 하고 생각한다면 오산이다. 아무런 계획도 없이 돈을 넣어놓고 스스로 움직이지 않으면 인플레이션으로 인해 자신도 모르는 사이 소중한 자본을 하락시키고 있는 것이다.

부자들은 항상 움직인다. 어떻게 돈을 굴려야 할지 항상 움직이고 생각하는 것이 습관화되어 있다. 돈이란 행동으로 옮겨야 불어나는 것이지, 은행에 넣어둔다고 불어나는 것이 아니다.

2,000만 원의 월세가 들어오다

반지하 빌라 한 개에서 시작해 100개가 되었을 때 내 통장에는 매달 월세 2,000만 원씩(이중 이자는 1,000만 원씩 나갔다) 들어왔다. 빌라 200개가 되자 4,000만 원씩 들어온다. 반지하 물건 이후에는 단독주택과 지상의 빌라로 범위를 넓혀 전국구로 활동했다.

현재 보유하고 있는 물건이 200채 정도인데, 바로 매각하거나 가족이나 친지에게 추천드려 낙찰받은 것까지 포함한다면 빌라만 전국적으로 500채 가량 낙찰받았다.

2007년 제주도에 입성한 후 반지하 5채와 반지하상가 2채를 더 받았지만 이후 지하물건은 나오지 않아 단독주택, 연립주택으로 눈을 돌린 계기가 되었다. 제주의 지형적 특성 때문인지 빌라 등 건축물의 주차장을 제외하곤 지하가 거의 없었기 때문이다.

	2005.03.14 다세대	성남3계 **2004-7080** 경기 광주시 도척면 노곡리 264-17번지 늘봄빌 라 나동 3층 303호 건물 49㎡ (15평) | 토지 22㎡ (7평)	35,000,000 종결 17,920,000 (51%) 17,921,000 (51.2%)
	2005.03.21 연립	성남2계 **2004-13986** 경기 광주시 곤지암읍 열미리 465-3 쌍용빌라 4층 402호 (구: 경기 광주시 실촌읍 열미리 465-3) 건물 54㎡ (16평) | 토지 34㎡ (10평)	50,000,000 종결 25,600,000 (51%) 26,781,000 (53.6%)
	2005.03.22 다세대	수원5계 **2004-29261** 경기 수원시 팔달구 지동 152-19번지 진우빌라 1동 지하층 102호 건물 46㎡ (14평) | 토지 33㎡ (10평)	28,000,000 종결 11,469,000 (41%) 12,781,000 (45.6%)
	2005.03.22 다세대	수원5계 **2004-30650** 경기 수원시 팔달구 팔달로3가 126-6번지 팔달 빌라 가동 1층 102호 건물 29㎡ (9평) | 토지 25㎡ (7평)	78,000,000 종결 31,949,000 (41%) 32,951,000 (42.2%)
	2005.04.18 다세대	인천25계 **2004-34532** 인천 남동구 간석동 37-568번지 로얄그린빌라 2동 지층 B01호 건물 34㎡ (10평) | 토지 11㎡ (3평)	35,000,000 종결 8,404,000 (24%) 11,221,000 (32.1%)
	2005.04.18 다세대	인천25계 **2004-34839** 인천 동구 화수동 2-13번지 궁전빌라 2동 1층 1 03호 건물 33㎡ (10평) | 토지 14㎡ (4평)	30,000,000 종결 14,700,000 (49%) 14,891,000 (49.6%)
	2005.04.18 다세대	인천25계 **2004-54260** 인천 남동구 간석동 37-651번지 세진하이츠빌 라 나동 지층 B02호 [토지별도등기] 건물 30㎡ (9평) | 토지 11㎡ (3평)	24,000,000 종결 5,762,000 (24%) 8,781,000 (36.6%)
	2005.04.18 다세대	인천25계 **2004-55539** 인천 남구 용현동 463-15번지 동화빌라 지하층 B02호 건물 39㎡ (12평) | 토지 21㎡ (6평)	47,000,000 종결 16,121,000 (34%) 17,891,000 (38.1%)
	2005.04.18 다세대	인천25계 **2004-58361** 인천 남동구 간석동 224-745번지 뉴파크빌리지 6동 지층 B02호 [토지별도등기] 건물 29㎡ (9평) | 토지 11㎡ (3평)	23,000,000 종결 7,889,000 (34%) 9,231,000 (40.1%)
	2005.04.18 다세대	인천25계 **2004-68818** 인천 서구 가좌동 148-12번지 한일빌라 1동 지 하층 2호 건물 48㎡ (15평) | 토지 25㎡ (8평)	33,000,000 종결 11,319,000 (34%) 12,221,000 (37%)
	2005.04.18 다세대	인천25계 **2004-104837** 인천 남구 주안동 1336-6번지 가든빌라 4동 1 층 102호 건물 37㎡ (11평) | 토지 12㎡ (3평)	39,000,000 종결 19,110,000 (49%) 21,111,000 (54.1%)

☐		2005.04.21 다세대	인천11계 **2004-113527** 인천 서구 석남동 563-7번지 청실빌라 가동 1 층 202호 건물 34㎡ (10평)	토지 19㎡ (6평)	29,000,000 9,947,000 14,661,000	종결 (34%) (50.6%)
☐		2005.04.28 다세대	인천17계 2004-121467 인천 서구 연희동 684-24번지 신양베스트빌 1 동 지층 B02호 건물 37㎡ (11평)	토지 19㎡ (6평)	33,000,000 16,170,000 16,171,000	종결 (49%) (49%)
☐		2005.05.31 다세대	수원5계 **2003-27695** 경기 화성시 태안읍 안녕리 180-163번지 정그 린파크 A동 1층 104호 건물 23㎡ (9평)	토지 45㎡ (14평)	25,000,000 10,240,000 11,441,000	종결 (41%) (45.8%)
☐		2005.06.13 다세대	인천18계 **2004-118317** 인천 남구 도화동 498-4번지 제일탑스빌 지하 층 B01호 건물 56㎡ (17평)	토지 24㎡ (7평)	50,000,000 17,150,000 19,001,000	종결 (34%) (38%)
☐		2005.06.16 다세대	수원9계 **2004-20738** 경기 용인시 처인구 양지면 양지리 595-5 강림 빌라 C동 지하층 지01호 (구: 경기 용인시 양지면 양지리 595-5) 건물 36㎡ (11평)	토지 22㎡ (7평)	23,000,000 7,537,000 10,782,000	종결 (33%) (46.9%)

낙찰받은 물건들 – 지면관계상 3개월 분량만 게재해본다.

탓을 하는 자는
부자가 되지 못한다

위기는 곧 기회다

인생을 살다 보면 늘 기회가 다가왔다 사라진다. 어찌 보면 '위기'라는 이름으로 다가오는 기회인지도 모른다. 고수는 위기 때 회심의 미소를 짓는다고 하지 않는가.

투자에서 중요한 건 두려움과 욕심을 적절하게 조절하는 것이다. 두려움과 욕심은 어떤 방식으로 투자를 하건 초보 투자가와 투자 대가를 구분 짓는 기준이 된다.

주식시장의 예를 보자.

일반인은 시장이 완연한 상승세가 된 것을 확인하고서야 마음속에서 투자에 대한 욕심이 끓어오른다. 그런 시장에서 마구 사들이기 시작한다. 이렇게 일반인이 사들이기 시작하면 시장은 하락세로 돌아선다. 그렇게 시장이 하락세로 흘러가면 사람들의 마음속에선 '자칫 모두 잃을 수도 있다'는 두려움이 커지기 시작한다. 그 두려움을 견디지 못하고 샀던 것을 파는 이들이 거의 대부분이다. 물론 이들이 이렇게 팔고 나면 시장은 다시 상승세로 돌아선다. 결국 투자 시장에서 욕심과 두려움이 이 같은 결과를 만드는 것이다.

미국 기업인이자 투자의 대가 워런 버핏.

1930년생이니 나이는 87세다. 26세 이후 고향 오마하를 벗어나지 않고 활동하며 성공적인 투자자로 명성을 널리 떨쳐 '오마하의 현인'이라는 별명을 얻게 되었다.

워런 버핏은 '남들이 욕심을 낼 때 두려워하고, 두려워할 때 욕심을 내라'고 했으며, 실제 이 말을 실천했다. 2008년 세계 금융위기 때 뱅크 오브 아메리카(BOA)와 골드만삭스 등 위기를 겪고 있던 금융사 6곳에 투자해 100억 달러의 수익을 냈다.

부동산도 주식과 마찬가지다.

경제가 좋지 않으면 대출금을 상환하지 못해 경매로 나오게 되어 물건이 넘친다. 건물, 호텔, 공장 등 감정가의 50%대로 사들일 수 있다. 대다수의 일반인은 경기가 호황일 때 부동산에 투자하지만, 나는 역발상으로 경기가 불황일 때 부동산에 더 많은 투자를 한다.

45세, 경매 투자에 도전하다

내가 처음 경매 투자하던 시절은 2000년으로, 1997년 IMF를 겪고 막 회복되고 있던 시점이었다. 20~30대 경매 고수들이 많이 나오고 있는 지금 상황과 비교하면 내 나이 마흔 다섯, 어찌 보면 늦은 나이에 뛰어들었다.

만일 그때 나이 탓을 하며 지금 부동산을 공부해봤자 고수들이 넘치는 이 바닥에서 성공할 수 없을 거라고 체념했더라면 오늘날의 경제적 희망도 사라졌을 것이다. 늦었다고 생각할 때가 가장 빠르다는 것을 몸소 체험했다.

늦었다고 생각할 때가 빠른 것

통계청 발표에 의하면 한국 평균수명(기대수명)은 82.16세(2015년 기준)다.

김난도 작가가 쓴《아프니까 청춘이다》라는 책을 보면 인생을 80세 기준으로 해서 내 나이를 시간으로 계산해보라는 내용이 있다.
하루 기준으로 지금 내 나이의 시간이 몇 시, 몇 분인지 알아보는 것이다.

하루는 24시간이므로 1,440분(24시간×60분)이다. 따라서 한 살은 18분(1,440분÷80세)이 된다.

나이가 마흔인 사람은 낮12시(18분×40세=720분)다.
나이가 쉰인 사람은 오후 3시다.

요즘은 100세 시대다. 100세가 거창하게 들린다면 90세(1살=16분)로 계산해보자.
마흔인 사람은 오전10시 6분, 쉰인 사람은 오후 1시 3분으로 시간이 더욱 단축된다.

점심 먹고 한창 오후 일과를 시작할 때다.
일반적으로 50세를 전후해서 은퇴하는 직장인들이 많다.
은퇴 후에는 내 인생의 화려한 순간은 지났다고 생각하는 사람들이 많은데, 그렇지 않다. 하루 중 가장 뜨거울 때는 오후 2시다. 오전 10~12시 사이의 강한 햇볕을 받아 대지가 열을 흡수하고 방출되는 시간이 오후 2시이기 때문이다.

쉰이 넘은 나이를 탓하며 도전하기를 주저하는가? 당신에게 은퇴자라는 명칭은 어울리지 않는다. 아직 당신의 나이는 뜨거운 열기로 빛나는 오후 2시도 되지 않은 시간이지 않은가!

낮 12시, 오후 1시….

이 시간을 두고 하루가 다 갔다고 한탄하는 사람은 없다. 제일 일하기 좋은 시간, 탄력 붙은 시간에 이대로 주저앉을 사람은 없다.

그대, 아직도 나이가 많다고 느껴지는가?

코스트코 창업자 짐 시네갈

1983년 미국 시애틀에서 첫 매장을 연 코스트코는 미국 기업 역사상 가장 짧은 기간인 6년 만에 매출 30억 달러를 달성했으

출처 : www.costco.com

며, 현재 미국 2위의 소매업체로 성장세를 이어가고 있다. 전 세계에서 자발적으로 회비를 낸 회원 수만 약 7,000만 명이 넘는다. 남북한을 합친 인구와 맞먹는 규모다. 외형만 큰 게 아니다. 지난 2014년, 미국 미국고객만족감지수(ACSI) 조사에서 1위를 기록하며 내실도 갖췄다.

온라인 강국인 우리나라에서도 코스트코의 인기는 뜨겁다. 주말이면 주차하는 데만 1시간이 넘을 정도로 늘 북적인다. 내로라하는 글로벌 유통업체들이 이마트 등 국내 토종 유통사에 밀려 나가 떨어졌지만, 코스트코만은 예외였다. 서울 양재점은 전 세계 코스트코 매장 중 매출 1위에 오를 정도다.

짐 세네갈.

그는 대학생 시절 할인점 아르바이트생으로 시작해 47세 늦은 나이에 코스트코를 창업해서 세계적 기업으로 코스트코를 성장시킨 창업주다. 그는 성공의 비결로 강한 실행력을 꼽았다.

출처 : flickr_Asper School of Business

경매 투자, 한물갔다?

근래, 경매에 관심 갖는 사람들이 많아졌다. 경매 관련 서적들, 여러 경매 카페들이 수강생들을 배출해내며 이들끼리 경쟁하는 형태가 되어간다. 이런 상황에 몇 번 시도하다가 떨어지면 스스로 늦었다고, 경매는 한물간 것 같다며 포기하는 사람이 의외로 많다. 아직 30대인데 말이다.

내 눈에 좋아 보이는 물건은 남들 눈에도 좋아 보인다. 힘들고 손이 많이 가는 물건은 하기 싫고, 번듯해 보이는 아파트만 입찰하고 싶으니 이런 일이 벌어지는 것이다.

이미 대략적인 시세는 정해진 탓에 가장 높은 가격을 쓴 사람, 즉 가장 적은 수익을 내겠다는 사람에게 낙찰이 된다. 명도 과정의 난

항, 아파트 가격의 하락이라는 예상치 못한 복병을 만나면 낙찰받아 고생만 하고 본전도 못 건지는 사태도 허다하다.

낙찰을 못 받은 이는 경매가 과열됐다, 한물갔다고 말하고, 낙찰받은 이는 수익을 못 내서 경매가 한물갔다고 한다.

본인이 경험해본 단 일부의 경험만으로 전체 경매 시장을 매도하며 먹을 게 없다는 말을 남기고 떠난다.
실제 먹을 게 없을까?
그렇다면 필자도 경매를 그만해야 하지 않을까?
하지만 필자는 지금도 꾸준히 경매를 지속하고 있다. 분명 높은 수익이 나기 때문이다.

제대로 코끼리를 볼 줄 알아야…

군맹무상(群盲撫象).
장님 여럿이 코끼리를 만진다는 뜻으로 자기의 좁은 소견과 주관으로 사물을 그릇되게 판단함을 말한다.

우리는 코끼리를 만진 장님처럼 자신이 본 것만 믿고 사는 경우가 많다. 확실하게 봤다고 생각했던 것이 전체가 아니라 자신이 보려 했던 일부분이고, 들었던 것들이 전체가 아니라 자신이 듣고 싶었던 일부분일 때가 많다. 이런 행동은 마음의 크기를 작게 만들어 자신만이 옳다고 생각하게 한다.

보이지 않는 고릴라

미국의 심리학자 크리스토퍼 차브리스와 대니얼 사이먼스. 이들은 심리학 역사상 가장 유명한 실험을 했다.

당시 대학원생이던 차브리스와 조교수인 사이먼스는 학생을 두 팀으로 나눠 이리저리 움직이며 농구공을 패스하게 하고, 이 장면을 찍어 짧은 동영상을 만들었다. 두 사람은 실험 대상자에게 검은 셔츠 팀은 무시하고 흰 셔츠 팀의 패스 수만 세어달라고 부탁했다. 동영상 중간에는 고릴라 의상을 입은 여학생이 약 9초에 걸쳐 무대 중앙으로 걸어와 선수들 가운데에 멈춰 서서 카메라를 향해 가슴을 치고 나서 걸어나가는 장면이 있었다.

그런데 놀랍게도 실험 대상의 절반은 패스 수를 세는 데 정신이 팔려서 그 여학생을 보지 못했다.

뜻밖의 사실을 잘 보지 못하는 이 현상에는 '무주의 맹시(Inattention Blindness)'란 이름이 붙여졌다.

보이지 않는 고릴라 실험에서 보듯, 인간은 자기가 보고 싶은 것만 보려는 경향이 있다. 이는 지능이나 성격과도 무관한 인간의 보편적인 약점이다.

경매가 한물갔다고 주장하는 사람은 실체관계는 알고 싶은 생각 없이 자기가 보고 싶은 것만 보려고 하는 것은 아닌지 살펴보기 바란다. 눈을 돌려 넓게 주위를 보라. 경매로 돈을 번 사람을 보란 말이다.

집중하라

인생에서 성공하는 가장 중요한 요소가 뭐라고 생각하는가?

필자는 '집중'이라고 생각한다. 워런 버핏과 빌 게이츠도 인터뷰에서 이 같은 질문에 '집중'이라고 답한 바 있다.

만일 여러분이 어떤 투자 사용권을 가지고 있다고 치자. 이 카드는 평생 10번밖에 투자하지 못하는데, 어떤 투자 관련 결정을 한 차례씩 할 때마다 이 카드의 사용 권한이 한 번씩 줄어든다면, 여러분은 아마 부자가 될 것이다. 섣불리 혹은 장난스럽게 투자 결정을 하지 않을 테니까 말이다. 집중해서 더 현명한 결정을 내릴 것이고, 더 큰 결정을 내릴 테니까.

우리나라 속담에 '열 재주 가진 놈이 밥 굶는다'라는 말이 있다.

이 말은 10가지 일을 하려다 보니 집중할 수 없고, 집중하지 못하니 그만큼 좋은 성과를 내기 어렵다는 의미다.

자, 목표를 정하라.
목표를 정했으면 오직 집중하라!

19

상상하라,
부자가 될 것이다

최근 IT 업계의 가장 뜨거운 화두는 인공지능이다.

지난 해, 구글 딥마인드의 인공지능 소프트웨어 알파고가 이세돌 9단을 4대1로 꺾으면서 그 충격은 구글, 마이크로소프트, 아마존, IBM 등 IT 대기업들이 인공지능 상용화를 서두르는 계기로 작용했다. 이제 인공지능 시대의 막이 올랐다 해도 과언이 아닐 정도로 각종 연구개발 결과물들이 제발 그럴싸한 모양새로 공개되고 있으며, 시기상조가 아닐까 주저하던 시장도 급속도로 활성화되고 있는 추세다.

미국 컴퓨터 전문업체인 IBM의 인공지능 '왓슨(Watson)'은 미국의 유명 암센터에서 전문의와 함께 암과 백혈병을 진단한다. 왓슨은 60만 건의 의료 논문, 150만 명의 환자 기록 등 약 200만 페이지 분량의 방대한 데이터를 순식간에 분석해 맞춤형 진료를 제공한다.

왓슨의 암 진단 정확도는 96%로 이미 인간을 넘어섰다. 진단 뿐 아니라 입력된 임상정보에 따라 환자의 상태와 성공확률이 높은 치료법에 대해 조언한다. 왓슨은 우리나라 종합병원에도 이미 도입되었다.

미국의 파산 전문 대형 로펌 베이커앤오스테틀러가 채용해 화제가 됐던 인공지능 변호사 로스(Ross). 기존 초보 변호사들이 맡아왔던 파산 관련 판례를 수집하고 분석하는 업무를 담당하고 있다. 로스는 사람이 일상 언어로 질문하면 초당 10억장 분량의 데이터를 수집 분석한 뒤, 의뢰인이 맡긴 사건과 가장 관련이 큰 판례를 찾고 승소 확률을 알려준다.

금융 분야 또한 마찬가지다. 고도화된 인공지능(AI) 알고리즘을 통해 운용되는 '로보어드바이저'는 개인 투자자의 금융자산 관리를 돕는다. 웰스프론트, 베터먼트, 퓨처어드바이저 같은 글로벌 기업들이 관련 솔루션을 제공하고 있으며, 우리나라 증권사들도 유사 상품을 내놓고 있다.

직장이 사라지고 있다

직장이 사라지고 있다.

4차 혁명의 슬로건으로 빠르게 변화하는 기조 속에 과연 살아남을 직장이 몇이나 되겠는가?

기계화로 무장한 1차 산업혁명, 대량생산이 가능해진 2차 산업혁명, 정보화 및 자동화의 3차 산업혁명을 거쳐 현실과 가상이 연결된 지능적 가상물리시스템인 4차 산업혁명 시대가 도래했다.

이렇게 빛의 속도로 빠르게 바뀌고 있는 세상에서 대응이 느린 자는 도태될 수밖에 없다. 정보화 시대는 힘과 기술의 시대와는 완전히 딴판이다.

인간이 앞서는 유일한 길은 상상력

최근 매일경제신문에서 세계에서 가장 상상력이 풍부한 기업인을 보도한 적 있다. 1위가 애플 CEO 팀 쿡이었으며 영국 기업인 브랜든, 아마존 CEO 제프 배조스 등이 상위권이었다.

인공지능이 인간의 직장 영역을 잠식하고 있는 사이 인간이 앞서나가는 유일한 길은 상상력이다. 인공지능은 입력된 데이터를 바탕으로 분석해서 해결방안을 도출하므로 스스로 상상하지는 못하는 것이다.

창의력, 상상력, 역발상을 지닌 자는 앞서 나갈 수 있고 이는 곧 부자의 길로 연결된다.

천재물리학자 알버트 아인슈타인.

아인슈타인은 1905년에 특수상대성이론, 광전효과, 브라운운동 등에 대한 논문을 잇달아 출간해서 세계 과학사의 지각변동을 일으켰다. 이로 인해 1905년은 '기적의 해(Annus mirabilis)'로 불리기도 한다.

독일에서 태어난 아인슈타인은 수학과 과학 수업은 좋아했지만, 다른 과목에서는 낙제를 면치 못할 정도였다. 게다가 딱딱하고 엄격한 교육방식과 암기만을 강요하는 학교생활에 회의를 느꼈다. 결국 병원에 가서 신경쇠약이라는 진단을 받은 후에 진단서를 휴학원과 함께 학교에 제출했다.

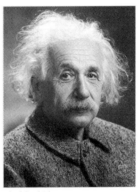

아인슈타인

아인슈타인은 과학을 상상력이라 했다. 상상력이 우수한 사람이 살아남고 추진력이 있어야 성공한다.

역발상이 답이다

역발상!

나는 역발상이 곧 성공의 길이라 생각한다.

'역발상'이란 단어는 너무도 흔하고 주위에서 많이 들었지만, 이를 실천에 옮기는 사람은 많지 않다. 대다수 사람이 뭘 하고 있는지 열심히 연구하고 그런 사람이 하는 것에 정반대로 하면 부자가 될 수 있다.

로버트 프로스트의 시 '가지 않은 길(The Road Not Taken)'처럼 이미 갔던 길이 아닌 전혀 새로운 길을 가다 보면 처음에는 힘들지만 곧 훌륭한 길이 생긴다.

군중 속에 속해야 맘이 편한 사람들.

군중심리는 어찌 보면 당연한 인간의 본능이다. 동물과 마찬가지로 생존을 위해 인간도 집단행동을 한다. 인간은 사회적 관계를 맺음으로써 위험을 피하거나 도움을 얻을 수 있기 때문이다. 인간은 자신의 행동이 옳은 것인지 판단할 때 타인을 참조한다. 이런 판단을 할 때, 다수의 선택은 개인의 선택보다 더 타당한 것으로 여겨져 여러 사람들이 모인 집단 내에서 개인적 특성이 소멸되고 사람들이 쉽게 동질화되는 심리현상을 말한다.

주식이 오르면 따라서 사고 내리면 따라서 팔고, 부동산이 오르면 따라서 사고, 내리면 따라서 판다.

누구나 가격이 내릴 때 사서 오를 때 팔아야 한다는 간단한 이치를 알고 있지만 이를 실행에 옮길 수 있는 이는 많지 않다.

경매도 늘 역발상으로 가야 성공한다.
남이 좋아하고 누구나 선호하는 물건, 즉, 아파트는 내게 기피순위 1위다. 아파트를 많이 경매 받아 끝까지 살아남은 사람은 내가 기억하기로는 없다.
남이 안 찾는 물건, 즉 수도권이 아닌 지방, 제주도 물건을 주목해야 한다.
종목으로는 아파트가 아닌, 반지하 빌라, 단독주택이다.

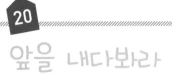

20

앞을 내다봐라

필자가 제주도에 처음 내려왔을 때 단독주택 천국이었다. 단독주택을 싹쓸이 하다시피 낙찰받는 필자를 보며 사람들이 미쳤다고 비아냥거렸다. 만 채가 넘는 빈집이 있는 제주도에서 단독주택을 사들이고 있었으니 한편으론 그럴 만도 했다.

하지만 난 개의치 않았다. 나도 빈집이 남아돈다는 것을 알고 있다. 알면서도 낙찰받는 것이다. 왜일까?

나는 현재시점을 기준으로 낙찰받는 것이 아니다.

앞으로 5년 후, 10년 후로 나누어 수요 공급을 예측해서 승부수가 있기에 낙찰받는 것이다. 단순히 치고 빠지는 단타성이 아닌 우량 종목을 꾸준히 보유하는 것이 나의 투자 전략이었고, 결과적으로 예측이 맞았다.

현지인이 더 모른다

8년 전, 서귀포시 남원읍 위미리 올레 5코스를 혼자 걷고 있었다. 여름인지라 갈증이 났다. 주위를 둘러보니 커피와 음료를 파는 원두막이 보인다.

"시원한 냉커피 한 잔 주세요."

얼음을 동동 띄운 냉커피를 마시니 달아오른 열기가 한 층 내려가는 듯하다. 커피를 마시며 아주머니(60대 초반으로 평생을 제주도에서 사셨다고 한다)와 이런저런 얘기를 주고받다가 땅 얘기가 나왔다.

"이 바닷가 땅이 얼마나 해요?"
"평당 20만 원 정도 하는 것 같아요. 집도 평당 15만 원 선 하고요."

말을 들으며 고개를 끄덕이던 나는 아주머니께 한 마디 건넸다.

"아주머니, 집은 절대 팔지 마시고 꼭 갖고 계세요, 제주 인구가 폭발적으로 늘어 땅값이 매우 오를 것이고 집이 모자랄 겁니다."

내 말을 듣던 아주머니, 나를 위아래로 쳐다보더니 제 정신이냐는 표정을 지었다.

"인구가 늘어요? 매년 1,500명씩 빠져나가고 있는데 인구가 늘어요? 내가 예순 평생을 제주에서 살았는데 땅값이 40년 동안 꿈쩍도 안하고 오히려 내려가고 있는데 무슨 소리예요? 제주도에 들어온 지 얼마 안 돼서 그런지 현지 사정을 너무 모르시네."

이 말에 아랑곳 하지 않고 냉커피를 다 마신 나는 자리를 뜨며 한 마디 덧붙였다.

"아주머니, 나중에 후회하지 마시고 집이고 땅이고 팔지 말고 꼭 갖고 계세요."

자리를 떴기에 아주머니의 목소리를 다 듣진 못했지만 아마 미쳤다는 둥, 정신 나갔다는 둥 한참동안 내 흉을 보고 계셨을 것이다.

부동산은 움직인다

그런데 지금 제주도는 어떤가?

노후를 여유롭게 보내고자 하는 이주민에, 서귀포가 전국 노인 거주율 1위다. 인구가 폭발적으로 늘고 이주민이 원주민을 넘어 섰으며, 이에 힘입어 성산리에 제2공항이 착공하려고 준비 중이다.

풍광이 아름답고 겨울에도 따뜻하며 공기 좋고 물(삼다수)이 좋다. 게다가 서울에서 비행기로 1시간 거리권으로 접근성이 좋다.

유네스코 3관왕(생물권보전지역, 세계자연유산, 세계지질공원)이며, 세계 7대 자연경관(제주도, 페루 아마존, 베트남 하롱베이, 브라질, 아르헨티나 이과수폭포, 인도네시아 코모도, 필리핀 지하강, 남아공 테이블산)에 선정된 아름다운 섬이다.

가치 투자를 하는 내 전략으로 상상했던 제주의 미래가 딱 맞아떨어진 것이다.

제주 인구는 줄어들 수밖에 없다?

은행거래가 잦은 일의 특성상 제주의 많은 지점장들과 커피를 마시는 일이 많다. 그때마다 몇 가지씩 미래에 관한 질문을 하곤 했다.

2008년 어느 하루,

연동의 제주은행 지점장과 얘기를 나누던 중 앞으로 5년 후, 10년 후 제주 인구가 얼마나 될 것 같냐는 질문을 한 적이 있다. 제주도 토박이 지점장이 고개를 갸우뚱하면서 대답한다.

"지금이 55만이니 5년 후에는 56만 정도, 즉 1만 명 정도 늘 것 같습니다."

나는 속으로 답답함을 느꼈다. 제주도의 물정을 누구보다 잘 알 것이라고 생각했기 때문이다.

"10년 후 100만 명이 될 것입니다."
"아휴, 그건 불가능합니다."

100만 명을 예측하는 내 말에 그건 불가능하다며 손사래를 쳤다.

며칠 후 다른 은행의 지점장에게도 같은 질문을 했는데, 5년 후 오히려 1만 명의 인구가 줄 거라고 대답한다. 왜 그렇게 생각하냐는 내 질문에 이렇게 답변한다.

"아이들 공부시켜 서울로 보내면 안 내려옵니다. 그러니 인구가 줄 수밖에요."

다른 지점장들도 한결같은 대답이었다. 다른 사람도 아닌 은행의 지점장들께서 어쩜 이리도 상상력이 없을까… 안타까웠다.

예측이 맞아떨어지다

2009년, 연동과 노형동에 가던 차에 부동산 사무소에 들려 소장님과 이런저런 얘길 나눴다.

연동과 노형동 인구 진입이 얼마나 되냐고 물은 적이 있는데 한 해 연동에 1,000명, 노형동에 1,000명 씩 전입되고 있다고 하시며 이게 전부가 아니라고 한다. 비(非)전입 인구까지 포함하면 1개 동에 5,000명가량 되니, 2개동 1만 명의 인구가 유입되고 있다고 한다.

　그 후 현재까지 거의 폭발적으로 늘어난 제주 인구 유입에 2014~2016년 2년 동안 자동차 등록 대수가 10만 5,000대 증가해 교통체증이 일어나기 시작했다는 뉴스가 보도되었다. 차 1대당 2.5명의 인구 꼴이라 계산해보면 2년간 25만 명이 유입되어 살고 있다.

　제주는 필자가 말했던 대로 이미 100만 명의 인구를 돌파했고, 앞으로 300만으로 늘 것이라는 예측이 현실화되고 있다.

　제주 관광객은 한 해 1,400만 명으로 하와이의 900만에 비해 500만 명의 관광객이 더 들어오고 있다. 이로 인해 신공항을 건설해야만 하는 급한 사태가 발생해서 서귀포에 신공항이 확정되었다. 그 덕분에 성산에 땅을 가진 사람들은 거의 모두 로또 복권에 당첨되었다 해도 과언이 아니다.

세계로 나가고 싶다

앞으로 국경을 넘어 중국 경매, 폴란드 경매(동유럽권)을 하고 싶다. 현재 저평가되어 있어 오를 가능성이 높은 지역의 부동산을 사고 싶다.

트럼프만 세계를 누비며 부동산을 하란 법은 없으니, 필자도 생각을 크게 해서 캘리포니아, 도미니카, 칠레 쪽도 진출하려고 한다.

지난 달, 경매 제자들과 함께 12명이 남해안 벨트인 고흥에서 거제까지 해안선 도로(Blue cost)를 2박 3일 돌고 왔다.

섬도 많고 참으로 아름다운 곳이 많았다. 바닷가 땅이 평당 4만 원(고흥)인데 해운대 같은 백사장이 펼쳐진 곳도 보았다. 통영, 거제, 남해, 삼천포, 고성, 하동, 광양, 여수 고흥 완도를 거쳐 청산도를 배를 타고 들어갔는데, 청산도 관광객이 제주 못지않게 많이 들어오는 것을 포착해서 단독 주택을 공동으로 매매했고 땅은 4,000만 원에 입찰했으나 모두 떨어졌다. 향후 청산도의 가치를 주목하고 있다.

필자가 섬을 너무 좋아해서인지 추자도에도 경매로 집, 상가, 땅(1,400평)을 보유하고 있다. 감정가 5억 원인 상추자

남해안 일주 때 방문했던 청산도 전경

도의 건물 200평(4층)은 최저가 2억 2,000만 원에 낙찰받아 게스트 하우스로 리모델링을 추진 중이며 현재 80% 진행되고 있다. 추자도의 민박 방 18개는 게스트하우스로 리모델링이 완공되었고 단독주택은 수리 중에 있다.

앞으로 추자도가 제주도를 따라 갈 것으로 상상하며 미리 투자하고 있는 것이다.

마라도에 주목하다

2000년도 지휘자 시절, 오케스트라를 이끌고 제주교육문화원에 공연차 온 적이 있다. 플롯 오케스트라 50명을 지휘 및 연주했는데, 서울 소재 음대생 25명과 제주 소재 음대생 25명의 합동공연이었다. 500인의 객석을 꽉 채울 정도로 성공적인 공연이었다.

공연이 끝난 후 마라도를 구경 갔다. 크지 않은 섬과 어우러진 아름다운 풍광이 내 마음에 쏙 들었다.

시간이 흘러 경매를 시작했고 제주에 정착하며 2008년부터 마라도 경매 건을 주시했다. 그러던 중 대지 200평인 마라도 해녀촌이 감정가 4억 원에 경매에 나왔다. 이곳은 제주시와 떨어진 섬이라 몇 번 유찰될 줄 알고 2회 차에 입찰해야겠다고 생각했는데 이게 웬일인가! 신건에 무려 8명의 입찰자가 경합해서 감정가보다 1억 원이나 더 쓴 사람에게 낙찰되었다. 인구도 얼마 안 되는 마라도가 경매 감정가를 훌쩍 뛰어 넘어 낙찰되는 것을 보고 궁금해서 집을 급매라고 사둬야겠다고 생각했다.

매물을 찾던 중 200평, 건물 30평이 1억 5,000만 원에 나와 있는 것을 발견했다.

집 안을 보려고 들어갔는데 소유자가 없고 방문이 잠겨 있다. 주인이 어디 가셨냐고 이웃에 물으니 찾을 수 없다고 한다. 할 수 없이 주인 만나는 것을 포기한 채 민박집을 찾았다. 마침 마라도 이장님이 민박을 운영하고 계셨다. 이장님 집에 들어갔는데, 방이 8개로 바다조망이 환상적이어서 내 마음을 더욱 흔들어놓았다.

이장님과 이런 저런 얘길 나누다 보니 밤이 어둑해지고 있다.

마라도 전경

"이장님, 마라도에 집을 사고 싶은데 혹시 매매로 나온 집이 있
나요?"

내 말을 듣던 이장님께서 대뜸 하시는 말씀,

"우리 집을 사가세요."
"네? 얼만데요?"
"대지 150평에 방 8개 민박이니 2억 원만 쳐주세요."

왜 파시려는지 물으니, 이장님이 폐암에 걸려 매달 신촌 세브란
스 병원에 왔다 갔다 하는데 너무 멀어서 팔고 서울로 가야 한다
고 하셨다. 갑작스런 제안에 생각해보겠다고 하고 방에 들어와서

잠을 자려고 누웠다.

'콜록콜록… 콜록콜록….'

옆방에서 계속해서 들려오는 이장님의 기침소리에 도저히 잠을 잘 수 없다. 뒤척이다 안 되겠다 싶어 이장님께 말씀드리고 방을 옮겨 다시 이부자리를 폈다.

이 집을 살지 말지 고민하다 간신히 잠이 들 찰나 뭔가 다투는 소리가 들리는 것 같다가 이내 다시 잠잠해 졌다.

아침이 밝았다.

밤새 잠을 뒤척인 탓에 어깨가 뻐근하다. 일어나자마자 이장님을 찾아가 이 집을 사겠노라고 말씀드렸다.

내 말을 들은 이장님은 갑자기 정색을 하셨다.

"안 팔아, 안 팔아, 그딴 소리 할 거면 빨리 나가."
"아니 이장님, 어제 저녁에 저보고 2억에 사라가고 하셔서 말씀드리는 건데요."

나는 이장님의 반응에 당황하고 억울하기도 해서 항변했다.

"안 팔아, 안파니까 빨리 나가."

숙박비는 받으시라면서 2만 원을 이장님 손에 쥐어준 나는 거의 쫓겨나다시피 이장님 댁을 나섰다.

아마 내 추측컨대, 밤사이 무슨 일이 생겼나 보다. 할머니와 집 문제로 다투다가 본인은 빨리 팔고 서울로 가고 싶은데 부인이 반대했던 것 같고 왜 그렇게 헐값으로 팔려고 하냐면서 둘이 싸우셨던 것 같다.

그 후 마라도에 집을 사러 매주 들어가서 하룻밤을 자고 나오는 통에 주민들과 잘 알게 되었다. 늘 밤새도록 책을 읽은 탓에 섬 주민들에게 '책 읽으러 오는 아저씨'로 통했다.

6개월이 흘렀을까….

이장님 댁이 3억 원에 팔렸다는 소식을 자장면 집에서 듣게 되었다. 이장님이 드디어 서울로 가시는구나 하는 생각과 그때 내게 2억에 팔았다면 큰 실수하실 뻔했다고 중얼거리며 쓴웃음을 지었다.

22
쫄지 말고 싸워라

대학을 졸업해 취직할 나이가 되었는데도 취직을 하지 않고 부모에게 얹혀살거나, 취직을 했다고 하더라도 경제적으로 독립하지 못하고 부모에게 의존하는 젊은 세대인 캥거루족.

이는 취업 후 부모에게서 경제적 지원을 받지 않는 것이 보편적인 선진국과는 뚜렷하게 대비되는 현상이다. 선진국도 캥거루족이 갈수록 늘어나고 있지만, 우리나라처럼 지배적인 현상은 아니다.

우리나라에서 캥거루족은 갈수록 늘어나는 것으로 나타났다. 최근 취업포털 잡코리아가 성인 1,061명을 조사한 결과 '스스로 캥거루족이라 생각하는가?'라는 질문에 전체 응답자의 56.1%가 그렇다고 답했다. 이는 지난해 조사의 37.5%보다 크게 높아진 수치다.

캥거루족이 늘어나는 이유는 날로 치솟는 월세나 전셋값 등 주거비 부담과 생활물가의 전반적 상승 등으로 인해, 청년층이 스스로 생활하기가 쉽지 않기 때문이라는 분석이 있다. 결혼을 위한 전셋집 등을 마련하기 위해서는 상당액의 저축이 필요하지만, 지금처럼 청년층 일자리 임금이 낮거나 비정규직이 많은 경우 그 자금을 혼자서 마련하기 쉽지 않다는 지적도 제기됐다.

쓸데없이 스펙만을 요구하는 사회

국내 30대 그룹이 2016년도 13,000명 넘게 인력을 감축한 것으로 집계됐다. 또 비정규직의 감소율이 정규직보다 훨씬 더 높아 비정규직의 직업 안전성이 크게 위협받고 있음을 보여줬다. 이런 인력 감축 난에 회사를 실직하고 아직 재취업을 못한 구직자, 아슬아슬한 구직 자리에 취직이 되어도 맘을 놓지 못하는 비정규직 사회, 친구들은 좋은 직장에 다니는데 자신만 취업을 못할까 봐 마음이 불안해서 잠이 안 오는 취업준비생까지 현재 우리 사회는 불안감과 박탈감이 팽배해 있다.

대기업 취직만을 쫓는 사회 분위기는 상대적으로 중소기업의 인력난을 부채질해서 외국인 근로자로 인력난을 타계할 수밖에 없는 현실이다. 실제로 중소기업에 취직한 고학력자들은 이상과 현실의 괴리감에서 그동안 공부해온 시간과 대학 등록금이 아깝다는 생각이 든다. 차라리 더 준비해서 조건이 좋은 대기업에 취업하는 것이 나을 것 같다고 판단하며 오랫동안 취업 준비를 다시 하는 경우도 있다.

스펙만을 요구하는 우리사회, 문제가 심각하다.

대학생들은 졸업을 미루면서까지 스펙 쌓기에 몰두하고 있다. 실제 해당 업무에 필요하지도 않는 스펙을 쌓는 사람은 시간낭비, 돈 낭비요, 이런 사람을 뽑아 동떨어진 일만 시키는 회사도 인재 낭비다. 전체적으로 국가적 낭비인 것이다.

세상과 담을 쌓은 채 화려한 스펙 쌓기에 열중하는 일은 그만둬야 한다. 일단 사회와 부딪혀야 한다. 꿈과 이상만 좇다 보니 머리만 복잡해진다.

자, 지금 당장 일어서서 쫄지 말고 싸우라!

인생은 도전이다

인생은 도전이다.

도전하지 않고 이뤄낼 수 있는 것은 아무것도 없다. 갓난아이가 첫 걸음마를 위해 발을 떼는 것도 도전이요, 숟가락을 머리에 부딪쳐가며 입 안에 넣는 연습도 도전이다.

이처럼 사소해 보이는 것 하나조차 모두 도전해서 이뤄낸 결과다. 자전거를 잘 타는 것도, 수영을 잘하는 것도 모두 도전해 이룬 성취다.

《징비록(懲毖錄)》.
'징계해서 후환을 경계한다'는 뜻으로, 환란을 교훈 삼아 후일 닥쳐올지 모를 우환을 경계토록 하기 위해 조선 중기의 문신 유성룡이 임진왜란 동안에 경험한 사실을 기록한 책이다. 1592년(선조 25)부터 1598년까지 7년에 걸친 전란의 원인, 전황 등이 기록되어 있다.

이 책은 우리 조상들의 치욕사다. 정확히 말하면 왕을 비롯한 당시 정권을 쥔 책임자들, 고위관리들의 치욕스런 모습들이 각양각색으로 드러난 이야기다.

100년간의 태평성대를 구가하면서 외세의 침략에 대한 대비가 제대로 이뤄지지 않은 상태에다가 문신을 우대하고 무신을 박대하는 사회적 분위기 속에서 군사력을 키우지 않은 것이 왜에게 침략의 빌미를 제공했다. 게다가 일본에 사신으로 다녀온 사람들끼리 의견이 엇갈리고 미래에 대한 대비를 안일하게 했다. 적의 침입을 알리는 척후병이 있으면 민심을 소란스럽게 한다고 목을 치고 의병을 일으키면 명령에 복종하지 않는다고 없애고 소신껏 싸우는 아군을 모함해서 관직을 박탈시켰다.

마침내 적의 무차별 공격과 아군의 끝없는 퇴각은 7년 동안 전 국토를 잿더미로 만들고 굶주림에 지친 사람들은 도적으로 변하거나 전염병의 창궐로 떼죽음을 당하기도 하고 심지어는 가족을 서로 잡아먹기까지 하는 일이 벌어졌다. 도전 정신없는 무사안일이 불러온 파국이 드러나는 마당이다.

인생은 도전의 연속이다. 세계사를 봐도 열악한 환경과 고난에도 불구하고 끊임없이 도전하는 민족은 오랫동안 부강하게 살아남고, 평온하고 무사안일한 민족은 도태되어 사라져버렸다.

일전에 발생한 런던화재 사건을 기억하는가?
2017년 6월 14일 새벽 영국 런던의 지하 3층 지상 24층인 런던 그렌펠 타워 전체가 화염에 휩싸이는 대형 화재가 발생했다. 수십 명이 불에 타죽고, 떨어져 죽었으며 연기에 숨이 멎어갔다. 화상을 입고 병원에서 치료 받는 사람도 수십 명인 최악의 참사 현장에서 알게 된 기막힌 사연을 아는가?

이탈리아 베네치아 건축대학 졸업생이 한화로 월급 약 40만 원씩 받고 자국에 취업을 했으나, 그 돈은 겨우 노숙자를 면할 정도의 생활비밖에 되지 않았다. 이에 이민을 결정하고 영국으로 건너와 월급 130만 원에 취직했다. 임대료가 저렴한 그렌펠타워에 거주하며 조국 이탈리아보다 더 나은 조건으로 입사했는데, 몇 개월 되지 않아 그렌펠 타워 화재로 목숨을 잃게 된다.

런던에서 돈을 벌어 형편이 어려운 가족을 돕길 원했던 이 사람은 빠져나가기 힘들다는 것을 직감한 순간 가족에게 전화를 걸어 사랑한다는 마지막 인사를 남긴 것으로 알려져 많은 이들의 눈시울을 붉히게 했다

일자리를 찾아 고국을 떠난 이탈리아 청년들이 유럽 타국에서 테러와 화재 등으로 목숨을 잃는 사례가 잇따르자 청년 실업을 해결 못하는 이탈리아 사회의 집단 책임이라는 자성의 목소리가 나오고 있다.

나를 찾아오라

금수저, 흙수저, 헬조선 등으로 한국에 살기엔 더 이상 희망이 없다는 실직자가 있다면 필자를 찾아오라고 전하고 싶다. 필자를 만난 이분들은 5년 후 대단한 희망을 갖게 될 것이다. 단, 5년간 죽을 각오가 되어 있다면 말이다. 어떤 시련, 굴욕에도 견딜 각오가 되어 있는 분들에게 필자는 헌신적으로 도와드릴 것을 약속한다.

시중에는 많은 재테크 서적들이 있다. 하지만 내가 분명히 말할 수 있는 것은 최악의 가난에서 가장 빠른 속도로 부자가 될 수 있는 유일한 길은 바로 경매라는 것이다.

MBC 〈경제매거진 M〉에 경매를 통해 단돈 700만 원으로 20억 원을 번 30대 후반 스토리가 소개될 정도로 경매는 부자의 길로 빠르게 안내한다. 필자도 가난한 살림에 고학·만학을 거쳐 검정고시를 통해 서울대학교 음악대학에 입학한 후 프랑스 유학까지 다녀왔는데 남은 것이라곤 빚 4,000만 원이었다.

그런 내가 경매를 통해 현재까지 수백억 원을 벌었으니 지구상에 과연 이런 직업이 또 있을까 하는 생각마저 들 정도다.

제주도
경매왕이 되다

제주도에 주목하다

2007년 드디어 제주도에 입성했다. 이때 제주도는 이제 막 올레길이 생기기 시작한 때다.

'올레'는 제주 방언으로 좁은 골목을 뜻하며, '올레길'은 통상 큰길에서 집의 대문까지 이어지는 좁은 길을 뜻한다. 지금은 제주도 사람이 다 된 나지만, 처음에는 '올레길'이 무슨 뜻인지 몰라 주변에 물었다.

이 시기는 올레길이 소문이 나면서 저가항공이 생기고 크루즈 배가 정박하기 시작하던 무렵이다. 난 이런 제주의 상황을 직시해서 앞으로 관광객들이 더욱 급증할 것으로 예상했다. 이에 매주 제주지방법원을 다니며 집을 낙찰받기 시작했다. 시간이 갈수록 제주는 포화상태에 이르고 관광객이 넘쳐났으며, 중국관광객을 유치를 위한 '영주권 획득용 부동산'이 지어졌다. 제주 연동 내에는 바오젠 거리(2011년 중국 바오젠 그룹이 우수 직원 인센티브 여행지로 제주를 택해 11,000여 명의 여행단을 보내자 제주시가 화답으로 연동의 거리 이름에 기업 명칭을 붙임)가 생겼다. 이 거리는 기존에는 지역민이 애용하는 음식점과 옷가게, 술집 등이 많았지만 중국인 관광객이 늘자 중국인들이 건물에 직접 투자해 운영에 나서면서 중국인 입맛에 맞는 음식점과 화장품 매장 위주로 빠르게 재편됐다.

제주는 한 해 1,400만 명의 관광객이 들어오는 유네스코 3관왕의 국제적인 관광지로 거듭났다.

사실 처음에 제주의 주택들을 낙찰받을 때만 해도 제주도 부동산 업자들은 나를 비웃으며 미쳤다고 했다. 주변에 빈집이 넘쳐나는데 이렇게 많은 주택을 경매로 사들이니 말이다. 하지만 시간이 지난 지금, 그들은 나를 대단하다며 치켜세운다. 현지 부동산업자인 자신들도 보지 못한 혜안을 가졌다며 말이다.

지금도 경매는 진행 중이다

이렇게 제주 경매에 발을 디딘지 벌써 10여 년의 시간이 흘렀지만, 지금도 경매를 계속하고 있다. 나는 아직도 목이 마르기 때문이다.

제주도는 현재 신공항이 아직 착공도 안 됐다. 연동 녹지지역의 최고층 빌딩이 완공되려면 앞으로 3년, 신공항도 앞으로 5년을 기다려야 한다. 그 외 신화역사 박물관, 혁신도시, 버자야 그룹, 중문단지 개발, 영어마을, 헬스케어타운도 계속 건설 중이다. 제주도 섬 전체가 엄청난 건축 붐이 일어나 멈출 수 없는 정도에 이르렀고, 전국 최고의 지가상승률을 유지하고 있다. 앞으로도 향후 20년간은 계속 부동산 가격이 오를 것이라고 판단이 서기에, 투자를 멈출 수 없다.

나는 현재 제주에서 2년째 경매 특강을 하고 있다. 많은 사람들이 이제는 제주도가 거품이 사라지고 곧 곤두박질칠 것이라고 예상하지만 나는 다르다. 아직도 좋은 물건이 넘쳐나고 있으니 투자를 멈출 생각이 없다는 결론이다.

필자의 경매 특강 알림 배너

내 덕분에 50억 원을 번 동생

경매를 시작한 지 2~3년 정도 지나자 곧 부자가 될 수 있겠다는 희망이 보였다. 이에 필자 뿐 아니라 가족, 친척, 처가 식구들도 같이 부자로 만들겠다는 일종의 사명감이 느껴졌다. 이에 본가와 처가, 명절 때마다 뵙는 친척들에게도 경매를 해보라고 권했다.

대부분 첫 반응은 '난 못 한다'였다.
첫째는, 남을 내쫓는 것 같아서 맘이 좋지 않다는 것과,
둘째는, 굳이 경매 아니어도 열심히 노동해서 밥은 먹고 산다는 것이었다.

지금 밥을 먹고 사는 정도가 아닌 부자가 될 수 있는 길이라고 그렇게 말을 해도 곧이듣지 않았다. 그렇게 만날 때마다 경매를 권

하길 3년, 가족 중 필자의 동생이 가장 먼저 경매에 뛰어들었고, 그 후 둘째 처남(처남이 3명임)이 경매에 가세했다.

사실 동생이 경매에 뛰어든 계기는 자의 반 타의 반이었다.

"형님, 큰일 났습니다. 저 좀 도와주세요."

전화기 건너편으로 들려오는 동생의 목소리가 무척 다급했다.

엘리트였던 동생

필자의 동생은 초등학교부터 전교 1등을 도맡은 총명한 머리로 아버지의 사랑을 듬뿍 받았다.

시험 결과가 나오는 날 아버지가 특별히 사 오신 돼지고기를 두툼히 넣어 끓인 찌개를 아버지 옆에서 먹었으며 눈깔사탕을 제일 많이 받아먹었다. 기특하다며 연신 동생의 뒤통수를 쓰다듬는 아버지의 눈빛이 그렇게 자상해 보일 수가 없었다. 아버지가 나를 바라보던 눈빛과 차원이 달랐다.

공부를 잘했던 동생은 차인태가 진행하는 MBC 〈장학퀴즈〉에 서울 성남고 대표로 출전해 차석을 하는 등 뛰어난 실력을 자랑했다. 1975년 현대그룹에 입사한 동생은 현대 계열사 토익시험을 5번이나 우승할 정도로 현대그룹에서 영어를 가장 잘했으며, 중국어·일본어 등 6개국 언어를 구사해 현대그룹의 국제적 세일즈를 담당했다. 정주영 회장의 표창을 4번이나 받을 정도로 기업 내에서 실력을 인정받아 현대 중공업 사장도 가능하다는 말이 돌 정도로 파워가 있었다.

이렇게 승승장구하던 동생은 현대 조선업이 부도 직전으로 몰리며 2009년 거의 빈털터리로 회사를 나오게 되어 그렇게 유창한 영어도 더 이상 써 먹을 수 없게 되었다.

다급한 마음에 내게 전화를 한 동생은 경매를 할 수 있도록 도와달라고 했다.

"현재 가진 돈이 얼마야?"

퇴직금이라도 있을 거라 짐작하며 현금이 얼마나 되는지 물었지만, 돌아온 대답은 현재 갖고 있는 현금이 없다고 했다. 시세 3억 정도의 서울 상계동 현대아파트는 세를 주고 있고, 퇴직금 중간정산으로 받은 주식은 휴지조각이 되어버려 아무것도 가진 것이 없다고 하는 게 아닌가!

그때 당시 나는, 2007년 제주도에 진출해 2년이 흐른 시점이라 작은 건물 위주의 제주도 물건을 매주 낙찰받고 있어 현금이 나오는 주택을 수십 채 보유하고 있었다. 이때만 해도 땅은 거의 손대지 않았다(제주도 땅이 오르기 시작한 시기는 2010년 경부터다).

이 시기에는 제주도에 빈 집만 만 채 정도여서 집이 남아돌았다. 내가 한림에 100채 정도의 집을 경매로 사들이는 것을 보고 미쳤다며 또라이라고 다들 수군거렸다.

동생에게 당장 제주도로 내려오라고 했다.

동생과 같이 입찰하다

자본이 모두 투입된 상태라 나도 여유자금이 없었지만, 마이너스 통장에 9,000만 원이 있었다. 마이너스 통장을 믿고 경매 물건을 찾기 시작했다.

그러던 어느 날, 한림읍 귀덕리 3118 번지, 초록마을 1·2동, 모두 60채의 빌라가 한꺼번에 경매에 나왔다.

1채 당 감정가 3,000만 원인데 2회 유찰을 거치며 최저가 1,300만 원으로 형성되어 있었다. 실 평수 $33m^2$의 방 2개짜리 빌라였다.

나는 입찰 4일 전에 제주지방법원 집행관 사무실에 가서 입찰서류 60개를 미리 달라고 했지만, 안 된다며 당일에 받으러 오라고 담당자는 원칙을 내세웠다.

"당일 60개를 낙찰받으려 하는데, 어떻게 60개 서류를 당일에 쓸 수 있겠습니까? 집행관님은 1시간 안에 60개를 쓸 수 있겠습니까?"

초록마을 빌라 전경. 거실에서 바다가 한 눈에 보인다.

소리를 높이며 따졌더니 마지못해 60개 서류를 내주었다. 지금이야 법원경매정보 홈페이지에서 기일입찰표를 다운받아 출력한 후 미리 기재해서 당일에 법원에 방문하면 되지만, 당시에는 이런 시스템이 없었다.

제주지방법원은 경매계가 4계 정도로 서울이나 수도권에 비해 물건이 적어 규모가 작다. 경매 당일 입찰하러 온 사람이 20명에서 많은 날은 100명 남짓한 때도 있어 분위기만으로 낙찰 여부가 감이 올 때가 많았다.

나는 이 물건의 미래가치를 알고 있었다. 바닷가 전망이 훌륭해 5년 후 6,000~7,000만 원으로 오를 것으로 예상했다. 최저가

1,300만 원 중 1, 5층은 2,000만 원으로, 2, 3, 4층은 2,100만 원으로 정했다. 입찰 당일 마이너스 통장에서 현금을 찾아 130만 원짜리 수표 60장으로 바꿔 매수신청보증금 봉투에 넣었다. 나, 동생, 일행, 이렇게 셋이 농협 창구에서 미리 적어온 기일입찰표, 매수신청보증금봉투, 입찰봉투에 적힌 사건번호가 동일하도록 확인하며 돈을 넣었다.

동생에게 법원에 올 때는 현대그룹 뺏지를 떼고 노무자 차림에 점퍼를 입고 오라 했더니 수염까지 덥수룩하게 기르고 와서 위장술이 탁월했다.

11시 30분에 마감이다.

마감 전에 다른 이들의 동태를 살피기로 했다. 동생에게 법정에 가서 사람들이 얼마의 입찰금을 쓰는지 커닝하고 오라고 했다. 동생은 어슬렁거리며 동태를 살피기 시작했고 대부분 최저가에서 300~400만 원 올려 쓴 1,600~1,700만 원 정도 쓴다고 했다. 보통은 가리고 쓰는 경우가 많지만 이 날은 워낙 많은 물건에 다들 정신없이 쓰느라 뒤에서 누가 쳐다보고 있단 사실도 깨닫지 못할 만큼 신경 쓸 여유가 없었다.

입찰 마감 5분 전까지 치밀하게 동태를 살피는 일을 잊지 않았다. 내가 쓴 금액에 낙찰을 확신하며 입찰봉투 60개를 3명이서 나눠 점퍼에 숨긴 채로 법정에 들어가 마감 3분전에 제출했다.

☐	2009.03.23 연립	제주5계 **2007-7050[1]** 제주 제주시 한림읍 귀덕리 3118 초록마을 1동 1층 101호 [토지별도등기] 건물 40㎡ (12평) | 토지 74㎡ (22평)	40,000,000 13,720,000 20,000,010	종결 (34%) (50%)
☐	2009.03.23 연립	제주5계 **2007-7050[2]** 제주 제주시 한림읍 귀덕리 3118 초록마을 1동 1층 102호 건물 40㎡ (12평) | 토지 74㎡ (22평)	40,000,000 13,720,000 20,000,100	종결 (34%) (50%)
☐	2009.03.23 연립	제주5계 **2007-7050[3]** 제주 제주시 한림읍 귀덕리 3118 초록마을 1동 1층 103호 건물 40㎡ (12평) | 토지 74㎡ (22평)	40,000,000 13,720,000 20,000,010	종결 (34%) (50%)
☐	2009.03.23 연립	제주5계 **2007-7050[4]** 제주 제주시 한림읍 귀덕리 3118 초록마을 1동 1층 105호 건물 40㎡ (12평) | 토지 74㎡ (22평)	40,000,000 13,720,000 21,504,444	종결 (34%) (53.8%)
☐	2009.03.23 연립	제주5계 **2007-7050[11]** 제주 제주시 한림읍 귀덕리 3118 초록마을 1동 2층 201호 건물 40㎡ (12평) | 토지 74㎡ (22평)	42,000,000 14,406,000 21,777,777	종결 (34%) (51.9%)
☐	2009.03.23 연립	제주5계 **2007-7050[13]** 제주 제주시 한림읍 귀덕리 3118 초록마을 1동 2층 203호 건물 40㎡ (12평) | 토지 74㎡ (22평)	42,000,000 14,406,000 21,577,777	종결 (34%) (51.4%)
☐	2009.03.23 연립	제주5계 **2007-7050[15]** 제주 제주시 한림읍 귀덕리 3118 초록마을 1동 2층 206호 건물 40㎡ (12평) | 토지 74㎡ (22평)	42,000,000 14,406,000 21,777,777	종결 (34%) (51.9%)
☐	2009.03.23 연립	제주5계 **2007-7050[16]** 제주 제주시 한림읍 귀덕리 3118 초록마을 1동 2층 207호 건물 40㎡ (12평) | 토지 74㎡ (22평)	42,000,000 14,406,000 21,500,010	종결 (34%) (51.2%)
☐	2009.03.23 연립	제주5계 **2007-7050[19]** 제주 제주시 한림읍 귀덕리 3118 초록마을 1동 2층 210호 건물 40㎡ (12평) | 토지 74㎡ (22평)	42,000,000 14,406,000 21,504,444	종결 (34%) (51.2%)
☐	2009.03.23 연립	제주5계 **2007-7050[22]** 제주 제주시 한림읍 귀덕리 3118 초록마을 1동 2층 213호 건물 40㎡ (12평) | 토지 74㎡ (22평)	42,000,000 14,406,000 21,544,444	종결 (34%) (51.3%)

당시 경매 진행된 초록마을 – 지면관계상 일부만 게재해본다.

드디어 개찰의 시간이 다가왔다.

결과는 45채 낙찰이었다. 60채 전체 낙찰을 확신했던 것에 비하면 다소 아쉽지만 45채의 낙찰에 성공했다.

이 빌라는 가격이 올라 현재 1채당 1억 원씩 한다. 즉 45억의 자산으로 불어난 것이다. 낙찰금액의 80%를 대출해서 투자금은 이미 전액 회수하고도 남았다. 동생은 현재 이 빌라에서 월 1,300만 원의 수익을 올리고 있다. 동생네 가족의 생명을 구제해 미래 걱정 없이 만들어준 고마운 빌라다.

동생은 그 후에도 8년간 경매를 계속해 수십 채의 건물과 땅을 낙찰받아 현재 50억 이상의 수익을 올렸으며, 보유물건이 앞으로도 계속 올라 수익은 더욱 늘어날 것이다.

경매법정에 가면 한 쪽에 기일 입찰표, 매수신청보증금 봉투, 입찰봉투, 위임장 등의 서식이 비치되어 있다. 이에 해당 매각기일에 법원에 도착해서 입찰표를 작성해도 되지만 안전을 위해서 집에서 써가는 것이 좋다. 법정에 들어서는 순간 마음도 떨리고 손도 떨린다. 이 떨리는 손으로 입찰표를 작성하다 보면 혹시라도 잘못 기입할 수도 있다. 또한 입찰 당일 법원의 주차장은 만원이다. 빨리 도착하지 않으면 주차하기가 쉽지 않고, 수도권 대부분의 법원은 5부제가 시행되기에 자동차 번호 끝자리가 1, 6번은 월요일, 2, 7번은 화요일, 3, 8번은 수요일, 4, 9번은 목요일, 5, 0번은 금요일에 법원에 들어갈 수가 없다. 정문 앞에서 차량을 막기에 외부에 주차해야 하는데 시간은 촉박하고 모르는 지역에 가서 빠른 시간 안에 외부주차장을 찾는 것도 쉽지 않다. 이렇게 허둥지둥 주차하고 법원까지 뛰어가서 서둘러 입찰표를 작성한다고 한 것이 입찰가격에 0하나 더 붙인 걸 모르고 입찰봉투를 냈다면… 입찰보증금 날리는 것은 한 순간이다.

안전하게 집에서 써가자. 법원경매정보 홈페이지에서 서식을 다운받아 출력하면 된다.

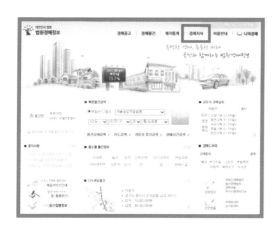

상단의 '경매지식'을 클릭하면 '경매서식'이 나오는데 여기에 각종 서식들이 있다.

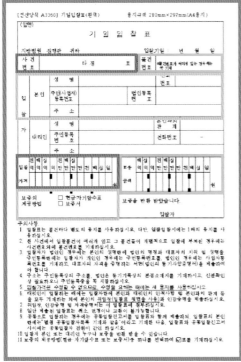

기일입찰표

기일입찰표

기일입찰표 작성방법은 해당 입찰기일 2017년○월○일을 적고 사건번호와 물건번호를 각각 적는다.

예를 들어, 사건번호가 2017타경 12345이면 사건번호 란에 2017타경 12345를 적고 물건번호는 적지 않지만, 사건번호가 2017타경 12345(3)이라면 사건번호 란에 2017타경 12345를 적고 물건번호 란에 3을 적어야 한다. 만약 물건번호 3을 적지 않는다면 1등으로 낙찰이 되고도 무효로 된다. 그럴 경우 2등 입찰자가 낙찰자가 된다.

입찰자 본인의 신상내역을 적은 후 입찰가격과 보증금액을 적고 보증의 제공방법이 현금/자기앞수표인지, 보증서인지 체크한다.

입찰보증금은 얼마?

경매 입찰시 반드시 필요한 것이 입찰보증금이다. 입찰보증금은 최저매각금액의 10%이상이다. 해당 경매 사건의 최저매각금액이 5,700만 원이라면 570만 원의 입찰보증금을 준비해야 한다. 내가 입찰하고 싶은 가격이 6,000만 원이라 해도 입찰보증금은 570만 원을 준비하면 된다. 입찰가격의 10%가 아니라 최저매각금액의 10%이기 때문이다.

최저매각금액의 10%인 570만 원보다 보증금을 더 많이 내도 상관없다. 단, 이 570만 원보다 1원이라도 부족하면 입찰은 무효가 된다. 입찰보증금은 입찰자도, 확인하는 법원도 편할 수 있도록 수표 1장으로 준비하는 게 좋다.

법원은 매각물건명세서에 특별매각조건으로 입찰보증금을 20%(또는 30%) 요구하는 경우가 있는데, 이럴 때는 최저매각금액의 20%(또는 30%)의 입찰보증금을 준비해야 한다. 보통재매각(낙찰자가 잔금을 미납해 해당 사건이 다시 경매가 진행되는 경우)인 경우에 입찰보증금이 올라가는 경우가 많은데, 이는 입찰자들에게 주의를 요하는 의미가 있다.

입찰봉투는 반드시 마감시간 전에 제출

해당 매각기일에 법원을 방문해 기일입찰표와 매수신청보증금 봉투를 넣은 입찰봉투를 제출하는데, 반드시 입찰종료 마감 시간 전까지 제출해야 한다.
대리인이 입찰하는 경우 위임장과 본인의 인감증명서를 입찰봉투에 같이 넣어 제출해야 한다.

입찰시간은 보통 오전10시~오전 11시 20분인데 마감시간이 법원에 따라 11시 30분인 곳도 있는 등 법원마다 다소 다르니 유의한다. 입찰시간이 종료되었다는 방송을 한 이후에는 더 이상 입찰봉투를 접수하지 않는다.

법원에서 입찰서를 기재하는 모습

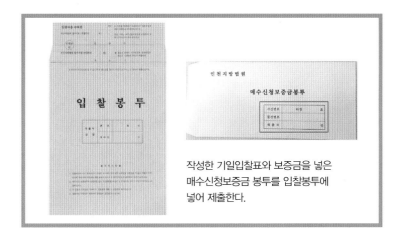

작성한 기일입찰표와 보증금을 넣은 매수신청보증금 봉투를 입찰봉투에 넣어 제출한다.

물건번호란 무엇일까?

물건번호란 물건에 부여된 번호를 말하는 것으로 경매 사건번호 외에 괄호 안에 숫자가 부여되는 것을 말한다.

예를 들어 2017타경 12345와 2017타경 56789(1)을 비교해보자.

1) <u>2017</u>   <u>타경</u>   <u>12345</u>
   ①   ②   ③

① 2017 : 경매 개시된 연도. 채권자의 신청에 의해 법원이 경매를 개시하게 되는데 이 연도를 말한다.
② 타경 : 경매를 진행하는 사건이라는 뜻(모든 경매 물건에는 '타경'이 붙는다)
③ 12345 : 이 물건의 고유번호. 2017년에 12345번째로 경매 개시가 되었다는 뜻이다.

2) 2017 타경 56789 <u>(1)</u>
              ④

④ (1) : 경매 사건번호 뒤에 이처럼 (   )안에 숫자가 적혀 있는 경우가 있는데 이를 물건번호라 부른다.

은행에 많은 금액의 대출을 신청할 때 하나의 담보물로는 부족해서 여러 개의 공동담보물을 제공하고 대출을 받는 경우가 있다. 사업하시는 분들이 이런 경우가 많은데 원하는 대출금액을 받기 위해 집, 땅, 건물 등 여러 공동담보를 제공하고 대출을 받는 경우가 그렇다. 대출 연체가 발생 시 은행은 법원에 경매를 신청하는데, 이때 여럿인 담보물건마다 번호를 각각 부여해서 매각을 진행하게 된다. 그래서 2017타경 56789(1), 2017타경 56789(2), 2017타경 56789(3) 이런 식으로 경매 사건번호는 같아도 물건번호가 다르게 된다. 따라서 물건번호가 있는 경매 사건은 입찰표에 물건번호까지 정확히 기재해야 하는데, 만약 사건번호 2017타경 56789만 적고 물건번호 1을 안 적으면 그 입찰은 무효가 된다.

25

소원을 말하다

경매를 거듭하며 나날이 수익이 쌓이는 구조를 누리고 있던 나는 나뿐만 아니라 처가를 같이 부자로 만들겠다는 생각을 늘 품고 만날 때마다 경매를 해보라고 설득했다. 이렇게 설득한 지 4년이 흐르자 세 처남 중 둘째 처남이 경매에 뛰어들었다. 사실, 장모님을 모시고 사는 큰 처남을 도와주려는 마음에 명절 때마다 설득했으나 큰 처남은 경매 투자하다가 실패한 친구를 보았다며 극구 반대했다. 셋째 처남은 소규모 공장을 운영하고 있어서 경매에 관심조차 없었다.

5년간 성남지원에서 반지하 물건을 싹쓸이 하다시피 낙찰받다 보니 성남지원의 반지하 물건이 많이 줄었다. 시선을 돌려 반지하가 많은 인천지방법원 물건을 검색해보니 이곳은 매일 15채 가량의 반지하 물건이 경매가 이루어질 정도로 물건이 넘쳐나고 있었다.

하루는 인천지방법원에 갔다.

이 날 총 13개의 반지하를 입찰하기로 결정했는데, 동태를 파악할 겸 가벼운 마음으로 입찰하기로 했다. 최저 입찰가는 감정가의 50%까지 유찰되어 1채 당 1,000만 원~1,500만 원으로 형성되어 있었다. 지참했던 현금 1,500만 원을 13장의 수표로 바꿔 매수신청 보증금 봉투에 넣은 후 13개의 입찰봉투를 제출했다.

사실 큰 기대는 하지 않았다. 인천지방법원에서 첫 입찰이어서 그중 2~3개만 낙찰받자는 심정으로 입찰했는데, 결과는 대 반전이었다. 13개 입찰 중 12개가 낙찰된 것이다. 2등과 매우 근소한 차

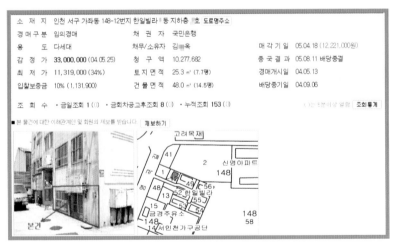

낙찰받은 12채 중 한 빌라

이로 낙찰된 물건이 많아 낙찰받고도 어안이 벙벙했다. 단 1,000원 차이 2개, 10,000원 차이 2개, 그 외 10만 원 차이 등 근소한 차이로 낙찰되어 당시 법원에 입찰했던 많은 사람들의 눈길을 받았다. 떨어진 2등은 탄식을 하며 안타까운 얼굴이 역력했다.

12채의 낙찰로 기분이 좋은 것은 잠시, 잔금 치룰 생각에 걱정이 몰려왔다. 2~3채를 낙찰받을 생각으로 13채를 입찰했는데 이렇게 낙찰될 줄 몰랐기 때문이다.

'이럴 줄 알았다면 입찰 수를 줄였을 것을….'

일을 저질렀다는 생각에 후회가 들었다. 하지만 이미 엎질러진 물, 해결책을 마련해야 한다. 낙찰가의 80%를 대출받는다 해도 등기이전비용·이사비용·수리비까지 총 1억 원이 필요하다.

'어떡하지…어떻게 마련하지….'

고심을 거듭하면서도 아내에게는 알리지 않았다. 분명 엄청난 잔소리와 함께 뾰족한 해결책도 없는 한숨만 늘어갈 것이 뻔하기 때문이다.

마땅한 해결책이 없이 하루 이틀… 피가 마를 것 같은 날이 지나고 있다.

더 이상 고민할 시간이 없다. 우선 가족들에게 사정을 얘기하기로 했다. 먼저 소규모 공장을 운영하며 비교적 형편이 나아 보이는 셋째 처남에게 사정을 얘기하고 돈 2,000만 원을 융통했다. 월 100만 원에 가까운 이자로 빌리며 2개월 후에 원금을 갚겠다고 했다. 전세나 월세가 나가면 현금이 들어오기 때문이다.

둘째 처남에게도 똑같이 얘기해서 1,000만 원을 빌렸다. 고금리로 빌리는 조건이었지만, 잔금을 채우기에는 턱없이 부족한 돈이었다. 고민이 깊어갔다.

"여보, 교회 식구들과 구역예배 가는 길인데 당신도 같이 가지 그래요?"

타들어가는 내 속사정을 모르는 아내가 같이 구역예배를 가자고 권했고, 나는 마지못해 예배를 드리러 갔다. 예배 중에도 온통 고민으로 쌓여 기도가 제대로 귀에 들어오지 않았다. 예배가 끝난 후 같이 차를 마시던 중 이런 저런 말을 나누다 경매 얘기가 나왔다. 처음 보는 남자 집사님이 내 말을 호기심 있게 들어주었다.

"누가 저에게 5,000만 원만 빌려준다면, 3개월만 쓰고 이자를 20%로 쳐드리겠습니다."

어디서 그런 용기가 났는지 나는 뜬금없이 말을 꺼냈다. 인천 경매 낙찰얘기를 꺼내며 말이다. 아마도 남자 집사님이 경매 얘기를 잘 들어주는 통에 용기를 얻어 나도 모르게 말이 튀어나온 것 같다. 아내는 이 자리에서 인천 낙찰 건을 처음 들었다.

집으로 돌아오는 길,
말없이 걷는 아내의 한숨 소리만 들린다.

"아니 어쩌자고… 일을….."

아내가 말을 잇지 못하고 흐린다. 이미 엎질러진 물, 타박해봐야 소용이 없다는 것을 잘 알기 때문이다.

기적이 일어나다

'따르릉… 따르릉….'

늦은 밤까지 뒤척이다 이제 막 잠이 들려던 찰나 전화벨이 울렸다.

"여보세요."
"늦은 밤중에 전화를 드려 실례가 아닌지 모르겠습니다. 좀 전에 뵈었던 김명진(가명)입니다."

바로 그 남자 집사님이었다.

"아까 말씀하신 사항을 형님과 상의했는데 형님이 당장 현금은 없고 송파구에 재개발 빌라가 있으니 이를 담보 잡고 현금을 빼 쓰라고 합니다. 그리고 3개월 후 원금을 바로 갚지 말고 그 돈으로 또 경매를 해주세요."

"정…정말이세요? 감사…, 감사합니다."

나는 전화기에 대고 연신 절을 하며 감사하다는 인사를 건넸다. 이런 기적 같은 일이 나에게 벌어지다니… 믿기지 않았다. 구역 예배를 가자는 아내를 마지못해 따라나섰고, 그 자리에서 우연히 얘길 꺼냈는데 이렇게 행운으로 돌아올지 몰랐다.

흥분된 마음에 가슴이 쿵쾅거려 좀처럼 잠이 오지 않는다.
그때 예전에 읽었던 책 이름이 떠올랐다.

《If I have a 1 million dollar》'(《만일 내가 10억이 있다면》)

책 내용을 간단히 말하자면 이렇다.
고아원을 짓고 싶던 미국의 어느 목사님, 하지만 10억 원의 건설 비용을 어디서 충당할지 고민이다. 어느 날, 라디오 방송 요청으로 방송국에 출연해서 설교하던 중에 누가 저에게 10억 원을 헌금하신다면 고아원, 양로원을 지어 봉사하고 싶단 얘기를 했다.
약 한 달 후, 한 통의 전화를 받게 된다.

"목사님 방송을 청취했습니다. 제가 10억을 보내드리겠습니다."

방송 청취자라고 밝힌 그는 목사님께 10억 원을 헌금했고 목사님은 그 돈으로 고아원과 양로원을 지었다는 스토리다. 이런 기적같은 일이 바로 이 순간 나에게도 일어난 것이다. 역시 사람은 자신의 소원을 품지 말고 말하라는 말씀이 생각났다.

다음 날, 어젯밤 전화 받은 재개발 빌라 담보대출을 알아보러 본격적으로 돌아다녔다. 등기부등본을 가지고 제1금융권에서 타진해보니 겨우 1,000만 원만 대출을 해준다는 말에 실망스럽게 돌아섰다. 이에 2금융권인 저축은행에 가서 알아보니 13%의 금리로 4,000만 원까지 가능하단 게 아닌가! 전에도 솔로몬 저축은행에서 대출을 받아본 적이 있기에 13%의 금리는 별 두려움이 없었다.

이렇게 확보한 4,000만 원. 나머지 부족한 3,000만 원은 아내의 사촌언니에게 빌려 12개의 잔금을 모두 치렀고, 3개월 후 예정대로 원금을 갚을 수 있었다.

인천 반지하는 1,200만 원으로 낙찰받고, 몇 년 후 4,500만에 팔아 수익률이 높았으며 돈을 융통하는 과정에서 나를 크게 성장시키는 디딤돌이 되었다.

2원을 우습게 알면 큰 코 다친다

나는 입찰금액을 산정할 때 1원까지도 소중하게 생각한다. 예를 들면 11,111,111원 또는 17,777,777의 금액을 쓰는 것이다. 이것은 동점 자가 생기는 것을 예방하기 위함이다.

만약 해당 물건의 입찰금액을 단위로 잘라서 쓴다면(10,000,000원, 11,000,000원 등) 이들 중 공동 1등이 나오는 경우가 발생한다. 이런 경 우 공동 1등에게 다시 입찰금액을 적도록 하는데 이 중 더 높은 금액을 쓴 사람이 최종 낙찰자가 된다. 이 과정에서 둘의 경쟁으로 입찰금액 이 높아지는 것을 여러 번 보았다. 같은 물건인데 숫자 하나 때문에 소 중한 돈을 더 쓰고 낙찰받는 것은 바보 같은 짓이라는 생각에 괜한 동 점자가 나오지 않도록 1원 자리까지도 신경 쓰는 것이다.

서산지원 미분양 아파트를 낙찰받을 때 이 전략이 완벽하게 통했다. 어 떤 입찰자가 70,000,000원을 썼는데 나는 70,000,002원을 써서 2원 차 이로 낙찰된 것이다. 이때 30채를 낙찰받았는데 현재는 아파트 1채당 1억 5,000만 원으로 올라있다. 2원을 우습게 알면 큰 코 다친다.

이래도 반지하가 우스운가?

약 10년 전, 수원지방법원에서 용인·수원의 반지하 20여 개의 물건을 낙찰받고 보니 반지하 물건이 많지 않다. 나는 황 여사에게 요즘 반지하가 잘 안 보인다며 어딜 가야 저평가된 반지하를 만날 수 있는 지 물었다. 황 여사는 태인 경매 정보지 사장의 누나로서 경매경력 20년의 베테랑으로, 태인의 과장으로 일하고 있었다.

"강 사장님, 많이 하셨으니 이제 그만 저지르셔도 되실 텐데요, 호호…. 그래도 더 하고 싶으시다면 의정부로 가 보세요, 널려 있어요."

이 말은 들은 나는 바로 의정부로 향했다. 황 여사의 말은 사실이었다.

남양주, 포천, 동두천, 양주, 의정부 지역으로 반지하가 수두룩해서 바로 입찰에 참여해 몇 주 만에 25채의 반지하를 낙찰받았다.

중개업자의 코웃음

낙찰받은 부동산을 임대로 내놓기 위해 동두천 의정부 역 근처 부동산에 들렸다. 60대로 보이는 중개업자들이 내 물건을 보더니 코웃음을 친다.

"아니 이런 반지하는 왜 낙찰받으셨어요, 동두천에 미 분양된 새 아파트가 보증금 500만 원/월세 30만 원인데 누가 이런 반지하에 들어갑니까?"

나를 조롱하는 듯 한 비웃음에 너무 기분이 나빠 주먹을 불끈 쥐며 부동산 사무소를 뛰쳐나왔다.

'누가 이기나 어디 두고 보자.'

낙찰받은 물건을 모두 다른 부동산에 내놓았고 약 6개월 후 모두 임대가 나갔다.
몇 달이 지난 후 나를 조롱했던 그 부동산에 들려 반지하 빌라들을 다 임대했다고 하니, 그는 나보고 운이 좋다고 했다. 나는 속으로 중개업자가 한심해 보였다. 왜 가치를 보지 못하는 것일까?

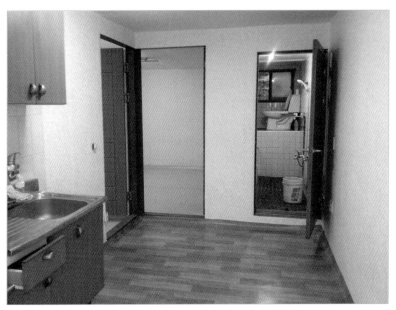
도배와 장판을 마친 반지하

　낙찰받은 빌라는 모두 역세권이고 게다가 대지지분이 40평되는 빌라도 있었다. 소요산까지 전철이 연장되어 개통되자 1,500만 원 하던 빌라 값이 6,000만 원까지 올랐다. 의정부역 앞 방 3개짜리 반지하 빌라는 821만 원에 낙찰받아 80%인 600만 원을 대출받았다. 깨끗하게 수리한 후 청소를 마치고 내놓으니 역 앞이라 보증금 1,000만 원/월세 20만 원으로 세가 나가서 투자금을 전액회수하고도 월 20만의 불로소득이 생겼다.

　4년간 불로소득이 지속되던 어느 날, 주택의 수리 차 근처 철물점에 들렀는데, 철물점 아주머니가 흥분해서 억양이 높아졌다.

"말 들으셨어요? 이곳이 난리, 난리 났어요."

"예? 무슨 난리요?"

어안이 벙벙한 나는 아주머니께 되물었다.

"아직 소문 못 들으셨구나, 여기 서울 사람이 와서 다 사들이고 난리도 아니에요. 재개발이 확정되어 땅 1평에 1,000만 원 간데요. 우리 철물점이 100평이니 우린 곧 10억 부자가 되요, 호호."

흥분한 철물점 아주머니의 목소리를 뒤로 하고 가게를 나오며 곰곰이 따져보았다. 의정부 반지하 대지지분이 15평이니 이는 곧 1억 5,000만 원이다. 완전 로또가 따로 없다.

더 기다릴까 하다 재투자를 위해 의정부 빌라를 급매로 1억에 처분했다. 이 돈으로 경매 재투자를 거듭해 수익은 눈덩이처럼 불어났다.

동두천 지행역 도보 3분 거리 빌라, 동두천시 빌라도 가격이 치솟아 역세권 빌라는 항상 로또 복권에 당첨되는 효과를 누리고 있다. 로또복권의 당첨확률은 천만 분의 1이지만 나는 반지하를 통해 10%의 로또 복권 당첨 확률 기회를 누리고 있다.

반지하를 우습게 여기는 분들, 이래도 반지하가 우스운가?

대박 난
처남의 제주도 첫 작품

처남이 필자를 따라 제주에 들어온 후 첫 작품이다.

원래 임대주택이었던 조천읍 북촌리 360번지 대상다려마을.

총 54가구가 전부 경매에 나왔다. $33m^2$ 원룸형은 3,000만 원의 감정가, $46m^2$ 투룸형은 감정 4,500만 원 감정가였다. 두 타입 모두 50%까지 유찰되어 있었다. 이에 필자는 처남(최○호)에게 입찰할 것을 권유했고, 원룸형은 1,577만 원, 투룸형은 2,300만 원 가량 적었다. 개찰 결과 필자 6개, 처남이 8개를 낙찰받았다.

농협에서 원룸형은 1,000만 원, 투룸형은 1,500만 원의 대출을 받아 잔금을 치른 후 이사비용을 각각 100만 원씩 지급했다. 도배·장판 비용도 100만 원이 소요됐다.

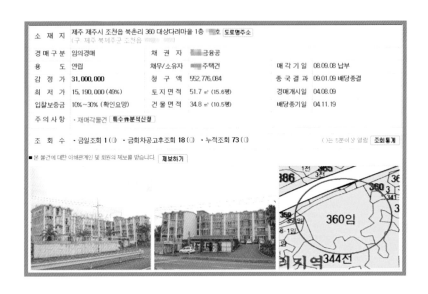

낙찰받을 당시 해당 주택은 보증금 100만 원/월세 20만 원에 사는 세입자가 많았고 공실도 있었다. 도배·장판·수리를 마친 처남과 필자는 현수막 10개를 제작해서 전봇대마다 걸었고, 전단지를 제작해 곳곳에 붙였다. 이런 노력으로 보증금 300만 원/월세 25만 원에 세를 놓았고 이 후에도 수요층이 계속 늘어나 보증금 500만 원/월세 30만으로 올렸다. 또한 시간이 갈수록 매매가가 5,000만 원, 6,000만 원, 7,000만 원으로 지속적으로 상승해 1채당 2,000만 원의 추가 대출을 받을 수 있었다.

현재는 한달살이 프로젝트를 진행해 월100만 원 씩 받고 있다.

2017년 6월초 9,000만 원에 팔라는 부동산의 제의를 처남이 거절할 정도로 지속해서 오르고 올라 곧 1억까지 오를 조짐이다. 바

낙찰받은 대상다려마을 빌라, 발코니에서 한눈에 보이는 바닷가 전경

닷가 조망이 굉장히 좋아 나타나는 현상으로 보인다. 가족 중 최
초로 제주도에 들어와서 실행한 작품인데 대박이 나서 기분이 좋
은 물건이다. 그 후에도 처남과 필자는 2006년 부산의 빌라 20채
를 공동으로 낙찰받아 지금도 세를 받고 있다.

무피 투자

무피 투자란 비용(fee)이 없는 투자, 내 돈이 들어가지 않는 투자라는 뜻으로 실투자금이 들어가지 않는 투자를 말한다.

당시 제주도 은행권은 낙찰가의 60% 정도가 대출 최고 금액이었다. 이에 나는 서울에 대출을 의뢰해 낙찰가의 80%까지 대출을 받을 수 있었다. 제2금융권이다 보니 대출비율이 높은 대신 이자율이 높았는데, 8.99%대가 많았고 저축은행은 13%까지 대출금리가 높았다.

제주도의 부동산 경기가 오르고 1,400만 명의 관광객이 들어오자 내가 투자한 제주도 모든 경매 낙찰 건은 추가 대출이 2배 이상 나와 은행을 거의 개인금고처럼 이용하게 되었다. 금융의 대가로 변신한 나는 낙찰가의 85%로 대출이 가능한 물건만 찾아내어 꾸준히 낙찰받고 있다.

28 1년간 경찰서를 들락날락하다

경매 물건을 검색하다 맘에 드는 물건을 발견했다. 20억 원의 감정가가 2회 유찰을 거치며 10억 원대로 저감되어 있었다. 1·2층은 사우나, 3·4·5·6층은 30평대 아파트로 사용 중인 건물로 유치권이 있으나 꽤 괜찮아 보이는 물건이다.

우선 대출이 가능한지 따져봐야 한다. 여러 금융기간에 의뢰하니 제주 한라신협에서 8억 4,000만 원이 가능하다고 답변이 와서 추진하기로 했다.

유치권의 진위여부를 가리기 위해 제주 동문시장 근처에 있는 제주은행(채권자)을 방문해 채권팀 담당자를 찾아갔다. 유치권부존재소송 건에 관해 여러 정황을 물어보니 원래 건축주가 경매로 낙찰된 토지 소유자(강 씨)에게 건축을 해서 아파트를 지어 나눠

갖기로 합의를 한 후 추진해 건축을 하다가, 자금이 부족하자 여러 가지 방법을 동원하게 된다. 이 과정에서 아파트 2채는 사우나 시설과 실내 장식하는 사람에게 대물변제로 주었다. 그래도 자금이 부족하자 여러 사람에게 돈을 빌리게 되고 토지주인 강 씨에게 돈을 빌리는 등 채권자가 10명이 넘자 제주은행에서 경매를 진행한 사건으로, 유치권자는 건축을 한 장본인이 신고한 사건이었다. 채권 관계가 매우 복잡해 2번이나 유찰된 물건이다. 응찰자가 많지 않을거란 생각에 최저 가격보다 400만 원 정도 높인 금액을 적었다. 필자 외 7인(가족들, 동생, 누나, 처형 등)으로 공동입찰을 했고 결과적으로 단독입찰이었다.

낙찰 후 가장 시급한 일은 유치권 해결이다.

유치권이란 원래 건축을 하던 건축업자가 공사비를 변제받지 못할 경우 공사비를 받기 위해 점유하고 있어야 하고, 정황증거서류(예를 들면 계약 시, 사용 시 서류)가 있어야 법적인 효력을 발휘해 낙찰자로부터 공사비를 받을 수 있는데 이 사건의 경우 건축업자가 아닌 건물 소유주가 유치권을 걸었기 때문에 우선 자격이 되지 않는다는 취지로 유치권부존재 소송에서 패소했으나 법원에서는 유치권소송을 접수해줘 낙찰받은 후 아파트 8채 중 4채만 인도하라는 판결문이 나왔고 사우나 2개 층과 아파트 4채는 불분명하다면서 인도명령을 허가하지 않았다.

어쨌든 유치권은 점유의 문제라서 우선 사우나를 접수하는 일이 시급했다. 야간에 인력 2명을 지하로 침투시켜 물리적 충돌 없이 점유에 성공했다. 숙식을 안에서 해결하며 음료와 식사를 보급하는 방식으로 약 2개월간 인력 2명을 밖으로 나오지 못하게 했다.

사우나로 쳐들어오다

그러던 어느 날, 사단이 났다.

유치권 신고를 한 건축주이자 유치권자가 가족을 동원, 8명이 사우나로 쳐들어온 것이다. 이들은 기존에 아파트 4채를 점유하고 있던 중이었다.

우리 병력은 인부 2명과 필자, 동생으로 4명 뿐이었다. 사우나 문을 부수고 쳐들어오자 물리적으로 불리한 우리는 112에 경찰 출동을 요청했다. 하지만 경찰이 도착하기 전에 이미 폭행은 시작되었다. 필자는 멱살을 잡혀 끌려다니고 동생은 계단에서 넘어졌다. 온갖 욕설과 폭언, 폭행을 속수무책으로 당했다. 경찰이 도착하자 우선 폭행은 일단락되었다.

지구대로 간 나는 폭행, 명예훼손으로 그들을 고소했고, 유치권자는 열쇠손괴, 주거 침입죄로 우리를 고소해 쌍방 고소장이 접수되었다. 이로 인해 제주 동부경찰서를 매주 들락날락 하며 강력계에서 조사를 받았다. 경찰의 수사가 6개월 이상을 끌자 필자가 월 600만 원씩 이자를 내며 버티는 날이 길어졌다.

사건이 검찰에 송치되자 모두 무혐의 처리되어 끝나자 유치권자는 다시 고소를 해왔다. 아파트 4채도 열쇠를 손괴해 침입했다는 것이다. 이 때문에 강력계에 다시 출두해 거의 1년간 수사를 받았다.

필자 또한 경매 집행관에 의해 정당하게 인도받은 아파트를 유치권자가 번호키를 손괴하자 열쇠손괴와 주거침입으로 고소해 수사가 진행되는 등 아파트를 2년간 세를 놓을 수도 없었고 1채만 본인이 점유해서 살게 되었다.

소송에서 유치권자가 패소하자 그는 항소했고, 6개월 후 항소심에서도 패소하자 마지막 대법원 상고까지 거치며 접전을 펼쳤다. 유치권자는 마지막 대법원에서도 패소했다.

2년간 월 600만 원씩의 이자만 내고 소유권 행사를 못했던 나는 변호사를 통해 손해배상청구소송에 들어갔다. 법원 감정평가사들은 사용·수익하지 못한 아파트와 사우나 시설에 대해 월세를 합산해 2년간의 손해배상금액 1억 원을 감정했다. 나는 이 금액을 소송을 통해 청구했고, 승소해 지금도 추징을 통해 받고 있다.

꽤 오랜 시간이 걸렸지만 지금은 8채 아파트를 모두 임대하고 있고 사우나도 게스트하우스로 개조해 영업하고 있다. 현재는 건물 시세가 약 40억 정도 하며 앞으로 제주시가 고도제한을 완화하면 땅값과 건물 값이 치솟게 되어 3년 후쯤 매각할 예정이다.

이 사건을 통해 많은 경험과 법을 인지하게 되었다. 이는 내공으로 쌓여 풍부해진 법적 상식으로 이제 웬만한 유치권은 분석 가능하게 되었다. 경찰서를 들락날락 하며 강력계가 무슨 일을 하는 지도 잘 알게 되었다. 경험이 최고의 선생님이다. 당시 강력계 팀장이 나를 경매 고수라고 칭하며 부하 직원에게 경매 한 건 해달라고 부탁할 정도로 친해졌다.

공동 경매의 장점은 혼자하기 힘든 큰 물건을 힘을 합쳐 위기를 기회로 바꿀 수 있다는 것이다. 매월 이자만 600만 원 씩 내고 버텨야 하는 상황이 생겼지만, 지금은 이율이 낮아져 매월 300만 원씩 내는 수준이며 이는 임료를 받아서 충당하고 있다. 그 사이 매매차익은 4배가량 올라 로또 복권 이상의 수익을 안겨준 효자 상품이다.

민법 제320조(유치권의 내용)

① 타인의 물건 또는 유가증권을 점유한 자는 그 물건이나 유가증권에 관해 생긴 채권이 변제기에 있는 경우에는 변제를 받을 때까지 그 물건 또는 유가증권을 유치할 권리가 있다.

② 전항의 규정은 그 점유가 불법행위로 인한 경우에 적용하지 아니한다.

제328조(점유상실과 유치권소멸) 유치권은 점유의 상실로 인해 소멸한다.

29
400만 원으로
1억 2,000만 원을 벌다

나는 주로 반지하 빌라나 단독주택을 낙찰받았다. 땅은 잘 몰라 선뜻 입찰하기 힘들어 건물 위주로 입찰하는 경향이었지만, 땅에 대한 동경과 갈망은 늘 있었다.

어느 날, 제주도 땅을 알기 위해 우선 한번 저질러보기로 했다. 그러던 중 애월읍 봉성리 175번지 임야 2,500평 중 1/2 지분인 1,250평이 경매에 나왔다. 3,100만 원의 감정가에서 1회 유찰되어 2,100만 원이었다. 서울에 사는 지인과 함께 공동명의로 최저가로 입찰했고, 결과는 낙찰이었다. 현황도로가 없는 맹지인 탓에 단독 입찰이었다. 평당 16,800원인 셈이다.

맹지인 탓에 낙찰을 받고 몇 년을 가보지도 않았다. 가끔 생각

소 재 지	제주 제주시 애월읍 봉성리 ▆ **도로명주소**			
경 매 구 분	강제경매	채 권 자	▆상호저축	
용 도	임야	채무/소유자	백▆훈/백▆훈외	매 각 기 일 08.06.02 (20,044,400원)
감 정 가	35,509,500 (07.10.30)	청 구 액	37,364,660	종 국 결 과 08.07.18 배당종결
최 저 가	17,400,000 (49%)	토 지 면 적	3,945.5 ㎡ (1,193.5평)	경매개시일 07.10.05
입찰보증금	10% (1,740,000)	건 물 면 적	0.0 ㎡ (0.0평)	배당종기일 07.12.28
주 의 사 항	·지분매각·맹지·입찰외 **특수件분석신청**			
조 회 수	·금일조회 1 (0) ·금회차공고후조회 50 (0) ·누적조회 232 (0) ·			( )는 5분이상 열람 **조회통계**

날 때 부동산 중개사무소에 들려 정황을 알아보았는데, 지분인데
다 맹지라 다들 거들떠보지도 않는다고 했다. 다른 부동산 중개사
무소를 가도 돌아오는 대답은 한결같았다. 친하게 지내던 중개사
무소 소장님조차 시간이 없다는 핑계로 관심을 두지 않는 눈치다.

8년의 시간이 흘렀다. 그동안 한 번도 가보지 않았으며 가끔 위
성지도로 위치만 알아보곤 했다. 2010년 이후 제주도 땅값이 올라
가는 조짐이 보이기 시작해서 건물 값이 상당히 올랐지만 땅값은
아직 그대로였다. 2012년 즘 되자 땅값이 치솟기 시작했고 건물 값
도 거의 4배 이상(경매 낙찰가 기준) 폭등하기 시작했다.

그러던 어느 날, 강정동 해군기지 앞 강정부동산에 들렸다. 봉성
리 175번지 임야를 팔기 위해서다. 매물을 접수하던 중개사무소

소장님이 위성사진을 보더니

"어, 여기 길이 생겼네요" 하는가 아닌가.

나도 모르던 일이었다. 눈이 휘둥그레진 나는 길 덕분에 가격이 좀 올랐는지를 소장님께 물었다.

"여기 평당 20만 원이에요. 그 정도는 받아드릴 수 있어요."

'헉, 평당 20만 원? 낙찰받은 가격이 평당 16,800원인데 평당 20만 원이라고?'
겉으로 내색은 안 했지만 크게 놀란 나는 속으로 흥분을 가라앉히며 침착하게 다시 물었다.

"소장님, 괜히 사람 들뜨게 하지 마시고 냉정하게 말씀해주세요."
"아녜요, 확실합니다. 이 가격이 확실해요."

그렇다면 이 가격에 팔아달라고 부탁했고 힘찬 목소리로 해보겠다는 소장님의 목소리를 들었다.

집으로 돌아온 나는 1/2 지분권자에게 연락을 취하기로 했다. 등기부등본에 적힌 지분권자의 주소로 편지를 발송했으나 주소불명으로 반송되었다. 토지분할소장을 접수시켰더니 지분권자의 주소를 보정하라는 법원의 서류가 날아왔고 이를 주민센터에 가서 보인 후, 지분권자의 초본을 발급받았다. 지분권자는 해운대로 이사해서 살고 있었다. 곧 해당 주소로 편지를 보냈고, 지분권자의 전화를 받았다. 제주도로 급히 와보시라는 내말에, 그는 부산에서 비행기를 타고 왔다.

지적공사에서 지분분할을 한다고 봉성리 175번지를 찾아갔더니 역시나 도로가 개설되어 있었다. 측량을 하고 분할을 하는 과정에서 묘지 2기가 있는 부분은 서로 갖지 않겠다고 해서 분할이 성사되지 못했다. 대신 해당 필지를 파는 것에 합의해서 전체 매각대금에서 1/2씩 나누기로 했다. 지분권자는 1989년에 2,500만 원을 주고 해당 지분을 샀다고 한다.

얼마 후 부동산 소장님의 전화를 받았다. 땅 2,500평을 5억에 사려는 사람이 있으니 팔겠냐는 것이다. 나는 서둘러 지분권자에게 전화를 했다. 그런데 갑자기 이분이 안 판다는 것이다. 속이 타들어간 나는 지분권자를 설득하기 시작했다. 연세도 64세인데 팔아서 그 돈으로 세계 여행도 하고 편하게 사시는 게 좋지 않겠냐며 말이다. 다행히 매매에 동의해 5억 원에 팔게 되었다.

워낙 장기보유해서 양도세도 적게 나왔다. 1/2지분을 2,100만 원에 낙찰받을 당시 공동명의였기에 나는 현금 1,100만 원이 들었다. 하지만 이 또한 1,000만 원을 대출받았기에 실질적으로 들어난 내 자금은 8년간의 이자를 더해 400만 원 정도다.

400만 원으로 1억 2,000만 원의 수익을 올린 것이다.

30

15억 원을 놓치다

2008년, 제주시 구좌읍 종달리 밭이 4회 유찰되어 있는 것을 발견했다. 도로에 접한 약 1,500평 밭이었는데 감정가 1억 2,000만 원이 유찰을 거듭해 최저매각가격 3,400만 원까지 떨어져 있었다. 이에 36,777,700원을 적어 입찰한 나는 5명의 경쟁자를 제치고 1위로 낙찰되었다. 평당 2만 4,000원에 산 셈이다.

그 후에도 맹지 5건을 더 낙찰받았는데 낙찰받아두고는 가보지 않았다. 제주의 가치를 믿고 언젠가는 오를 것이라는 기대심리를 반영해 낙찰받은 터였다.

그런데 엄청난 실수를 저지르고 말았다. 2009~2010년 미국발 모기지론 사태로 금융위기가 오자 우리나라 경제는 직격탄을 맞왔다. 미국이 기침만 해도 감기에 걸린다는 한국이 아닌가. 부동산과 주식 가격이 하락하며 위기가 찾아왔다.

서울과 수도권의 임차인(그때 주로 낙찰받아 임대 놓은 반지하 빌라, 단독주택 임차인)들이 임대료를 못 내고 자꾸 미뤘다. 한국의 유동성 위기가 임차인에게 전가되어 임대인인 나에게 그대로 전해지게 된 것이다. 임대료를 받아 대출이자를 상환하는 나에게 임차인의 연체는 직격탄이었다.

그 추운 겨울, 매일 아침 은행에 들려 월세가 들어왔는지 통장 잔고를 확인하러 갔다. 이자를 막아야 하는데 들어오는 돈은 바닥이어서 마음이 타들어갔다.

임차인들에게 전화를 해서 이자를 막아야 하니 월세를 밀리지 말고 보내달라고 했으나 소용이 없었다. 결국 은행에 이자가 연체되기 시작하자 나의 신용등급이 형편없이 떨어지기 시작해 10등급까지 내려가는 사태가 발생하면서 신용불량 사태까지 직면하게 되었다.

'이러다 곧 파산하겠구나…'

밥을 제대로 먹지도, 잠을 자지도 못하는 나를 보고 아내가 눈치를 챘다. 사정을 들은 아내는 나보다 더 불안해하며 잠을 자지 못하고 왔다갔다 서성거렸다. 공포감이 우리 부부를 엄습했고 아내는 밤새도록 펑펑 울었다. 내가 달래보았지만 소용이 없었다. 급기야 나를 비난하기 시작했고 땅이며 건물이며 무조건 다 팔라며 난리를 쳤다. 경제가 좋지 않아 물건이 팔리지 않는다고 얘기해도 소용이 없었다.

실제, 빌라를 팔려고 내놓아도 도저히 팔리지 않았다. 그래서 우선 현금이 전혀 들어오지 않는 땅부터 헐값에 내놓았다.

생활비를 벌어야 했다

일을 해야 한다. 5명의 식구가 먹고 살려면 생활비라도 벌어야 했다. 추운 겨울, 분당의 초등학교 교장 선생님을 찾아가 임시직이라고 좋으니 방과 후 교사로 써 달라고 통사정을 해보았으나, 이미 채용했기 때문에 어쩔 수 없고 이력서만 두고 가라는 답변만 돌아왔다. 몇 군데 학교를 더 돌아다녀도 돌아오는 답변은 같았다.

그 사이 연천의 공장부지 1,000평을 2,500만 원의 손해를 보고 헐값에 팔았다. 이자만 5년 이상 넣은 땅인데, 이자는커녕 원금까지 손해보고 판 것이다.

구좌읍 종달리 낙찰받은 1,500평 밭도 급매로 벼룩시장에 내놓자 누가 찾아와 4,000만 원에 팔았는데 알고 보니 부동산 중개업자가 사갔다. 3,677만 원에 낙찰받아 150만 원의 취득세를 내고 소유권이전을 했으니 3,800만 원이 넘게 들어간 땅인데 4,000만 원에 판 것이다.

그 후 약 6개월 쯤 지나자, 제주시청 세무과에서 전화가 왔다. 혹시 다운계약서를 쓰고 팔지 않았냐고 하면서 맹지도 아닌 도로에 붙은 밭을 어떻게 이렇게 싸게 팔았는지 조사하겠으니 계좌 이체한 정황, 계약금, 잔금 등을 시청 세무과에 와서 소명하라는 거였다. 그렇지 않아도 헐값에 팔아 속이 상한데 세무조사까지 받으라고 호출을 하자 더욱 착잡했다.

다음 날, 매매계약서·계약금 영수증 등 서류를 지참해서 제주시청 세무과에 가서 소명하자 담당자는 고개를 끄덕이며 됐다며 가보라고 했다.

차라리 높은 가격에 팔고 4,000만 원짜리 다운계약서를 썼다면 세무과의 호출에도 덜

4,000만 원에 판 매매계약서

화가 났을 것이다. 맹지가 아닌 땅을 평당 24,000원에 팔았으니 누가 봐도 의심받을 만하다는 생각이 드는 한편, 아내의 성화와 두려움에 싸게라도 팔 수 밖에 없던 내 신세가 한탄스러웠다.

놓친 땅이 대박날 줄이야…

땅을 판 뒤 얼마의 시간이 흘렀을까. 뉴스를 보던 내 얼굴이 굳어졌다.

"성산에 제2공항이 확정되었습니다."

뉴스 앵커의 말이 내 귀를 계속해서 맴돌았다.

아뿔싸….

성산에 제2공항이 확정되었다는 방송이 나온 후 땅값이 하루가 다르게 천정부지로 솟더니 급기야 평당 100만이 넘었다. 4,000만 원에 판 땅이 15억 원의 금싸라기 땅이 된 것이다. 만일 그때 아내가 울고불고 난리만 치지 않았더라면 15억 원을 벌었을 땅을 그냥 버린 셈이 되어 아쉽기 그지없다. 현재 아내는 자기의 실수를 인정했으나 이미 지나간 시간을 어찌 하겠는가.

한편, 이 덕분에 땅의 속성을 공부해서 좋은 교훈으로 남았다. 몸으로 느낀 만큼 확실한 각인은 없다. 다시는 똑같은 실수를 저지르지 않으리라 굳게 다짐했다.

실패는 밑거름이다

구좌읍 종달리 땅을 4,000만 원의 헐값에 팔아 손해를 보았다. 반대로 애월읍 봉성리 175 맹지는 400만 원을 투자해 1억 2,000만 원을 벌어준 대박상품이다.

이렇듯 땅을 직접 경험하며 실패와 성공을 모두 맛보았으니, 책으로 토지의 속성을 공부한 것보다 훨씬 더 잘 이해했다. 경험만큼 좋은 학습효과는 없는 것이다.

부자가 되려면 3번은 망해봐야 한다는 교훈을 몸소 체득했다. 그 후로 낙찰받은 땅이 애월읍 난읍리에 300평, 대정읍 영락리, 조천읍 참덕리, 한림읍 귀덕리 등은 맹지의 지분을 사는 등 약 10건이다. 이 땅들이 어떻게 진화할지 지켜보며 현재 묻어두고 있다. 푹

삭힌 다음 열어볼 생각으로, 단기로 파는 것은 꼭 후회가 따른다는 교훈을 얻었기 때문이다.

그 외에도 무인텔, 공장부지 600평, 450평 대지 확보 등 땅에 많은 투자를 하고 있으며 추자도 임야 1,400평, 여수 땅 대지 150평 등 남해안에도 진출하고 있다.

2017년 7월 3일 해남지원에서 무인도 섬 1/2지분 약 4,900평을 6,300만 원에 매입했다. 나머지 1/2 지분권자에게 매매하도록 설득해 섬 전체를 보유하려는 전략이다.

앞으로 남해안 섬에 투자계획을 갖고 청산도에 단독주택 1채를 매매했고, 완도·진도·조도에도 10여 채의 주택을 경매로 샀다. 고흥·여수·순천에 단독주택을 낙찰받아 수리 중에 있으며, 통영 욕지도·사랑도에도 계속 도전하고 있다.

완도에서 1시간 가량 되는 노화도에도 단독주택을 낙찰받았다. 추자도는 상가건물 200평짜리 4층 건물을 낙찰받아 게스트하우스로 리모델링 중이며 약 80%의 공정률로 내년 오픈 예정이다. 하추자도에도 게스트 하우스를 낙찰받아 리모델링 중이며 5,000만 원의 감정가 단독주택은 3,500만 원에 낙찰받

5,500만원에 낙찰받은 노화도 단독주택

아 세를 주고 있다. 추자도의 땅과 건물을 앞으로 지속적으로 매입할 계획이다.

향후 신안면 흑산도와 홍도에 투자할 계획이며 여수 섬 또한 주목하고 있다. 거문도를 방문해 부동산을 매입하려고 추진했으나, 막상 사려고 하면 안 판다고 하는 등 매매가 뜻대로 되지 않고 있다. 따라서 매매보다는 급매나 경매를 통해 접근할 계획이다.

무인도가 경매에 나왔다. 두 필지로 이뤄진 땅으로 전체면적이 약 10,000평인데 1/2지분인 5,000평이 경매에 나온 것이다. 2,400만 원의 감정가를 훌쩍 넘긴 6,300만 원에 낙찰되었다가 대금을 미납해 다시 재매각이 진행되는 물건이었다. 개찰 결과 4,000여 만 원을 적은 필자는 9명의 응찰자 중 5위였다. 낙찰 가격은 5,300만 원이다.

"저기요, 선생님."

입찰봉투를 반환받고 법원을 나서는 나를 누가 불러 세운다. 주위를 둘러보니 아까 1등을 한 낙찰자가 나를 부르며 헐레벌떡 달려오는 게 아닌가.

"저 부르셨나요?"
"네, 제가 부른 거 맞아요. 이 물건 선생님이 도로 사가시겠어요? 1,000만 원 올려주면 팔 의사가 있습니다."

경매에 나온 전남 해남군 송지면 어란리 무인도

"네?"

6,300만 원에 다시 판다는 낙찰자를 보며 잠시 고민에 빠졌다. 현장에서 1,000만 원을 더 주고 산다는 게 어찌 보면 아깝다는 생각도 들겠지만, 나는 현명하게 판단하고자 노력했다. 이 섬은 충분한 가치가 있다. 난 나머지 1/2지분을 사들여 섬을 통째로 소유할 계획을 세우고 입찰했던 것이었다.

"사겠습니다."

나는 사기로 결정했다. 6,300만 원에 계약서를 쓰고 15일 후에 소유권이전을 하기로 했다. 1/2지분을 확보했으나 나머지 지분을 사들여 무인도 전체를 소유하리라.

난 이곳에 남해안 관광벨트를 엮어 개발가치를 높일 생각이다.

백짓장도 맞들면 낫다

이번에는 응찰했지만 떨어진 완도의 양어장 이야기다. 최근 3건의 양어장에 응찰했으나 결과는 모두 떨어졌지만, 임장활동하며 현장에서 탐문 조사하는 과정에서 교훈을 얻은 사건이다.

2017년 7월이 매각기일로 감정가 11억 3,000만 원의 양어장이 유찰을 거듭하며 최저매각가격이 4억 700만 원이었다. 2001년 지어진 양어장은 선순위 임차인이 주택 한 켠을 전세 5,000만 원에 살고 있었다.

양어장을 운영하던 소유자의 자금난으로 2005년 경매로 넘어갔고 낙찰되었다. 새로운 소유자인 낙찰자 또한 양어장을 혼자 운영했는데, 결국 자금 부족으로 부도나자 2013년 다시 경매로 넘어갔

양어장   양어장 내부

다. 2013년 낙찰받은 새로운 소유자도 수억 원을 투자했으나 결국 자금이 부족해 부도가 나고 투자자들에게 고소당해 사기 혐의로 구속된 상태에서 다시 경매에 나온 물건이었다. 이렇게 큰 양어장을 혼자 운영하다가 부도가 나 같은 물건이 경매에 반복해서 나오는 사연을 보고 지난 번 떨어졌던 양어장 물건이 떠올랐다.

해당 물건도 양어장으로, 응찰했으나 2등으로 떨어진 물건이다. 이 물건이 경매로 나온 배경도 앞선 양어장과 비슷했다. 양어장 소유자가 혼자 무리하게 운영하다가 사업자금이 부족해 경매 시장에 등장했다는 소식을 탐문조사 과정에서 이장님께 들었다.

양어장 사건들은 종합해보며 무리한 단독운영은 결국 자금 압박을 가져올 수밖에 없다는 교훈을 다시 한 번 깨달았다. 또한 호텔, 공장, 사우나 등 큰 물건들이 경매에 나오는 경우 자금난이 대부분이다. 혼자 운영하다 자금 압박을 겪었다거나, 둘이 동업하다 한 사람이 자금을 갖고 도망가 빚을 갚지 못한 경우가 허다했다.

실력보다 무리하면 실패한다는 진리를 체험하고 있다. 즉, 대안 없이 일을 추진하면 위기에 처할 수 있는 것이다.

필자도 큰 물건들을 보유하고 있다. 광양 바닷가의 감정가 100억 원의 공장이 30억까지 유찰되었을 때 35억 원에 낙찰받은 경험이 있고, 제주도 한림읍 대림리 1771-1 감정가 41억 5,000만 원의 구 한림병원이 10억 원까지 유찰되자 필자가 12억 5,000만 원에 낙찰받아 현재도 보유중이다. 이 건물은 20억 원에 팔라는 제안을 받았으나 거절했고 임자가 나타나길 기다리는 중이다.

큰 물건을 낙찰받을 때는 항상 신중을 기한다. 나라고 괜찮을까? 내가 낙찰받은 큰 물건이 자금 압박을 가져와 다시 경매에 들어가지 말란 법 없지 않은가. 큰 물건이 경매 나오는 이유를 누구보다 잘 알기 때문에 더욱 조심스러울 수밖에 없다.

이에 대비한 해결책으로 공동 투자를 한다. 혼자 무리하게 큰 물건에 손대지 않고 공동으로 입찰해 혹시 모를 사태에 대비한다. 호텔 2건의 경우를 보면 작은 호텔은 4명, 큰 호텔은 8명이 공동입찰했고 현재도 잘 운영하고 있다.

33 내가 좋아하는 한림

나는 한림을 매우 좋아한다.

1977년 7월, 군대 말년휴가를 나와 불안정한 나의 미래에 무작정 제주도행 도라지호 3등 칸에 몸을 실어 제주도에 도착했다. 그때 고뇌하며 걷고 또 걸은 곳이 바로 한림 바닷가이기 때문이다. 내 인생의 터닝 포인트가 되어준 장소라 향수를 느끼게 해주는 곳이다.

한림은 바닷가의 해변과 색깔이 매우 예쁘다. 에메랄드 빛 바다 색깔은 유럽에서도 보기 드문 풍경이다. 유학 때 접한 유럽의 풍경도 나름 멋졌지만, 제주도에 비할 바가 못된다. 모나코가 그나마 비슷한 빛깔을 간직할 뿐 독일, 벨기에, 네덜란드 바닷가보다 제주도가 훨씬 아름답다.

한림읍 협재리에 위치한 협재해수욕장, 한림읍 금능리에 위치한

코발트빛을 자랑하는 한림읍 협재해수욕장

금능해수욕장 등 한림은 깨끗한 모래사장과 환상적인 빛깔의 바닷물로 언제나 몸과 마음을 쉴 수 있는 곳이다.

조개껍질가루가 많이 섞인 백사장과 앞 바다에 떠 있는 비양도, 코발트 빛깔의 아름다운 바다와 울창한 소나무숲이 한데 어우러진 풍광이 매우 아름답다. 백사장의 길이 약 200m, 폭은 60m, 평균수심 1.2m, 경사도 3~8도로, 수심이 얕고 경사가 완만해서 가족 단위의 해수욕장으로 적합하다. 또한 각종 편의시설이 잘 갖추어져 있으며 소나무 숲에서는 야영도 가능하다.

해수욕장 주변에는 짙은 송림이 있어 야영과 산림욕을 즐길 수 있고, 전복과 소라가 많이 잡히기 때문에 싱싱한 해산물을 마음껏 맛볼 수 있다. 멀지 않은 곳에는 한림공원과 협재굴, 명월대, 황룡사,

소 재 지	제주 제주시 한림읍 한림리 555 ,-3,575,-3,576 한림대호 가동 5층 호 도로명주소		
경 매 구 분	임의경매	채 권 자	(새)
용 도	아파트	채무/소유자	강 자/ 주택건설	매 각 기 일	10.07.27 (36,667,778원)
감 정 가	67,000,000 (09.09.11)	청 구 액	40,000,000	종 국 결 과	10.09.10 배당종결
최 저 가	32,830,000 (49%)	토 지 면 적	48.1 ㎡ (14.5평)	경매개시일	09.08.03
입찰보증금	10% (3,283,000)	건 물 면 적	77.5 ㎡ (23.4평)	배당종기일	10.03.31
주 의 사 항	· 토지별도등기 · 선순위전세권 특수#분석신청		
조 회 수	· 금일조회 1 (0) · 금회차공고후조회 80 (1) · 누적조회 165 (1)		( )는 5분이상 열람 조회통계

■ 본 물건에 대한 이해관계인 및 회원의 제보를 받습니다. 제보하기

영각사 등이 있어 해수욕과 함께 주변을 둘러볼 수 있으며 특히 해
수욕장 정면에 보이는 비양도의 모습은 맑고 깨끗한 해수와 어울려
아름다운 풍광을 연출하며 이곳에서 바라보는 낙조 또한 아름답다.

한림읍 한림리 대호아파트 실 23.4평, 방 3개 감정가 6,700만 원
인 물건이 3회 유찰되어 3,200여 만 원에 최저가로 나왔다. 아내
의 명의로 입찰해서 경쟁자를 제치고 36,667,778원에 낙찰받았다.

보증금 1,000만 원/월세 40만 원에 임대했고 지금은 대출 2,500
만 원이 있는 상태에서 전세 6,000만 원에 임대 중이다. 투자금 전
액이 회수된 지 이미 오래다. 지금은 1억 4,000만 원을 호가 중이다.

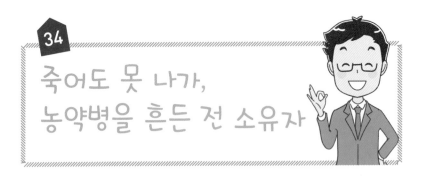

죽어도 못 나가,
농약병을 흔든 전 소유자

조천읍 조천리에 위치한 다가구 주택이다.

감정가 2억 1,200만 원에 1회 유찰되어 30% 저감된 1억 4,800만 원에 경매가 진행되고 있었다. 개찰 결과 총 5명이 입찰했는데 1억 7천777원을 쓴 필자가 낙찰, 2등이 1억 6,810만 원으로 매우 근소한 차이였다.

2층 구조의 다가구주택이었는데, 1층은 채무자인 소유자가 거주하고 2층은 임차인이 보증금 1200만 원/연 270만 원에 거주하고 있었다. 임차인의 전입신고는 2010.04.21.으로 말소기준등기인 제주축협 근저당권 1999.03.23.보다 늦어 대항력 없는 후순위 임차인이다.

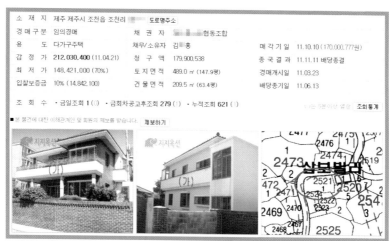

소 재 지	제주 제주시 조천읍 조천리 ▇▇ 도로명주소				
경 매 구 분	임의경매	채 권 자	▇▇▇▇협동조합		
용 도	다가구주택	채무/소유자	김▇홍	매 각 기 일	11.10.10 (170,000,777원)
감 정 가	212,030,400 (11.04.21)	청 구 액	179,900,538	종 국 결 과	11.11.11 배당종결
최 저 가	148,421,000 (70%)	토지면적	489.0 ㎡ (147.9평)	경매개시일	11.03.23
입찰보증금	10% (14,842,100)	건물면적	209.5 ㎡ (63.4평)	배당종기일	11.06.13
조 회 수	·금일조회 1 (0) ·금회차공고후조회 279 (1) ·누적조회 621 (1)				조회통계

■ 본 물건에 대한 이해관계인 및 회원의 제보를 받습니다. 제보하기

조천읍 조천리에 위치한 다가구 주택

낙찰 후 명도를 위해 해당 주택을 방문했다.

'띵동, 띵동….'

초인종을 눌렀지만 반응이 없다.

잠시 기다렸다 다시 초인종을 눌러봤지만, 역시나 반응이 없다.

저녁에 다시 오기로 하고 일단 집으로 돌아왔다.

해가 지고 저녁이 되어 다시 찾았다. 외부에서 창문을 바라봤으나 불 켜진 흔적 없이 깜깜하다. 법원이 매각물건명세서에 채무자와 임차인이 살고 있다고 명시되어 있었고 전입세대 열람결과도 채무자인 소유자와 임차인의 전입신고가 되어 있다.

'아직 집에 돌아오지 않은 건가?'

더 기다릴지 돌아갈지, 마음이 흔들렸다. 하지만 이왕 온 거 좀 더 기다리기로 했다.

1시간… 2시간….

계속 기다려도 불 켜진 흔적이 없다. 이윽고 누군가 집으로 다가오는 기척이 느껴진다. 대문 가까이 다가서는 그에게 다가가 물었다.

"혹시 이 주택에 사십니까?"

"네, 그런데요. 누구세요?"

남자는 낯선 이의 등장에 경계의 눈빛으로 나를 바라보았다.

"이 집을 낙찰받은 낙찰자입니다. 이사 협의를 해야 하니 우선 안으로 들어가서 얘기 나누시죠."

남자는 나를 2층으로 안내했다. 임차인이었던 것이다.

선순위 근저당권의 채권액이 1억 8,000만 원 가까이 되어 임차인의 배당금은 거의 남아 있지 않을 뻔했다. 다행히 최초 근저당권 설정시기인 1999년 시점 소액임차인의 최우선변제금액이 2,000만 원 이하 800만 원 인 점이다. 따라서 후순위임차인임에도 은행보다 먼저 800만 원의 최우선변제금을 배당받는다.

"이사일까지 2달 여유 드리겠습니다. 그동안 이사 갈 집 알아보

서서 집을 비워주세요."

나의 말을 들은 임차인은 이렇게 된 이상 어쩔 수 없다는 표정을 지으며 고개를 끄덕이다 대뜸 묻는다.

"이사비, 얼마 주실껀까요?"

경매를 하다보면 의레 받는 질문이기에 차분한 음성으로 말했다.

"원칙적으로 이사비는 없습니다. 더군다나 소액임차인으로 최우선변제금을 800만 원 수령하는 점은 참으로 다행입니다. 배당 시이 금액을 수령하려면 제가 작성해드린 '명도확인서'와 저의 인감증명서를 법원에 제출해야 합니다.

즉, 이사 가지 않으면 저도 명도확인서를 드릴 수 없고 결과적으로 선생님도 배당을 받을 수 없습니다. 또한 잔금납부 이후에도 계속 점유한다면 불법점유에 의한 부당이득반환금이 감정가의 연 15%씩 발생하게 됩니다."

남자는 얼굴이 굳어지며 말이 없다. 나는 잠시 뜸을 들이다 말을 이어나갔다.

"앞으로 한 달 후 잔금납부기일이며 그 후 한 달이 지나면 배당기일이 정해질 것입니다. 따라서 원칙적으로는 잔금납부기일 이후에는 불법점유에 해당하지만 서로 원만한 이사를 도모하고자 배당기일 전까지 이사를 완료하도록 말씀드린 겁니다. 또한 배당기일 전까지 이사를 완료하시면 이사비 100만 원을 드리겠습니다."

이사비를 100만 원 주겠다는 말에 남자의 얼굴에 화색이 돈다.

"아이고, 여부가 있겠습니까. 내일부터 당장 이사 갈 집을 알아봐서 이사 날짜 꼭 지키도록 할께요."

임차인과 순조롭게 얘기를 마친 후 집을 나왔다. 소유자가 거주하는 1층은 여전히 불이 켜지지 않은 채 깜깜하다. 나는 다시 2층으로 올라가 임차인에게 소유자가 언제 들어오는지 물었다.

"글쎄요… 집에 계실 때가 많던데… 술을 자주 마셔 항상 술 취한 채로 지내고 계신 것 같아요."

임차인의 말을 듣고 1층으로 내려온 나는 문을 두드려볼까 하다 밤이 늦은 관계로 내일 다시 찾아오기로 하고 발길을 돌렸다.

다음 날 오전, 소유자의 집을 다시 방문했다.
'띵동… 띵동….'
여전히 대답이 없다.

임차인에게 전화를 하니 마침 집에 있던 임차인이 대문을 열어주었다. 마당에 나온 집주인 아저씨를 아침에 봤다는 언지도 해주었다.

"계십니까, 계십니까?"

1층 현관문을 두드리며 불렀다. 한참을 불러도 인기척이 없다.

"계십니까, 계십니까?"

안에 소유자가 있다는 것을 들을 터라 나도 물러서지 않았다.

얼마나 흘렀을까….
"누구요, 누군데 사람 귀찮게 남의 집 문을 두드리고 난리야?"

벌컥 열어젖힌 현관문 사이로 낯선 남자의 모습과 함께 술 냄새가 확 풍겨왔다.
헝클어진 머리, 흐리멍덩한 눈빛, 10월의 가을 날씨임에도 러닝셔츠 바람으로 문을 연 남자는 배를 긁적이며 나를 보았다.

"거 누구요? 누군데 날 귀찮게 하느냔 말이오?"
"이 집의 낙찰잡니다."

내 말을 들은 남자의 얼굴이 잠깐 경직됐다.

"아, 낙찰자구만 그래… 알았소, 그만 가보시오."

이 말과 함께 현관문을 닫으려는 남자의 손을 재빨리 저지했다.

"같이 얘기 좀 나누시죠, 앞으로의 행보도 아셔야 하구요."

"행보? 이 양반이 어려운 말 쓰네, 그딴 게 뭐 필요 있어? 나는 내 집에서 살면 되고, 당신은 나가면 되고, 그러면 끝! 간단하지 않소?"

남자의 비아냥거리는 말에도 아랑곳없이 나는 문을 잡은 채 안으로 들어가서 얘기하자는 말을 되풀이했다.

"그깟 거 어려운 것도 없지, 소원이면 어디 들어오쇼."

남자는 큰 선심이라도 쓰는 듯 나를 집 안에 들어오게 했다.

집 안 상태가 엉망이다.

바닥에 나뒹구는 술병이 어림잡아 10병도 넘었다. 재떨이에 수북이 쌓인 담배꽁초도 모자라 바닥 곳곳에 담배꽁초투성이다. 싱크대에는 언제가 마지막 설거지였는지 모를 정도로 더렵혀진 그릇들로 잔뜩 쌓여 있었고 집안 곳곳에 퀴퀴한 냄새가 났다.

그 와중에도 남자는 소주를 따라 입안에 털어 넣었다.

"캬…"

나는 아무 말도 하지 않았다. 명도의 첫 관문은 기선제압이다. 물론 이 말은 힘으로 밀어붙이라는 말은 아니다. 상대방을 배려하되 어림도 없는 요구는 들어줄 수 없다는 뜻을 명확히 해야 한다. 이미 술이 많이 취한 남자에게 이래저래 말을 늘어놔봤자 제대로 먹힐 리가 없다. 그래서 상황을 지켜보기로 한 것이다.

"내가 누군지 아시오?"

한동안 소주를 입에 넣던 남자가 입을 열었다. 나는 상대방이 누군지 모르기에 아무 말 없이 넌지시 얼굴만 바라보았다.

"제주시 조천읍에서 우리 집을 모르면 간첩이었소, 아버지가 대단했지, 우리 아버지 땅을 밟지 않으면 밖으로 나갈 수가 없다는 말이 있을 정도였으니…."

과거를 회상하는 남자의 눈빛이 흔들렸다.
얘길 들어본 즉, 이렇다.

파란만장한 남자의 과거

제주시 조천읍의 부잣집 큰 아들로 태어난 남자는 많은 재산을 물려받아 호위호식하며 잘살았다. 예쁜 부인도 있었고 토끼 같은 자식들도 있었다. 남부러울 게 없었던 남자에게 위기가 닥친 순간은 찰나였다. 선배 따라 장남삼아 들린 경마장이다.

달려라, 달려!

남자는 10년 동안 경마에 빠져 산 도박 중독자였다.

2000년 친한 선배의 권유로 처음 경마장에 갔다. 첫 경주에 5,000원을 배팅해 65만 원을 땄고, 그다음 만 원을 걸어 40만 원, 이어 10만 원으로 60만 원을 땄다.

그때 그렇게 쉽게 돈을 따지 않았더라면 아마도 경마에 빠지지 않았을 것이다. 지금 생각해보면 그때 운이 좋았던 게 아니라 지지리도 없는 놈이었다고 했다.

그렇게 시작된 경마 도박 중독은 남자를 나락으로 내몰았다. 딸 때보다 잃을 때가 많았고, 잃은 돈을 만회하려니 더 심각하게 경마에 빠져들고 말았다. 도박 중독은 많은 돈을 땄을 때보다 감당할 수 없이 많은 돈을 잃었을 때 더 심해지는 것 같다는 남자의 얘기다.

하루는 돈이 없어 친한 친구에게 500만 원이 들어 있는 카드를 빌렸다. 그 카드에 들어 있던 돈은 친구가 귀 수술을 하려고 모아둔 돈이다. 이 돈도 하루아침에 몽땅 잃었다. 남자 때문에 친구는 한참 후에 수술을 할 수 있었다. 도박에 빠지니 써야 할 돈, 쓰지 말아야 할 돈도 구분하지 못했다.

재산을 탕진한 뒤에도 도박을 끊지 못했다. 돈을 구하기 위해 경마 도박에 빠진 친구들과 도로에 있는 맨홀 뚜껑을 훔쳐 팔 생각도 해보고, 술에 취해 밤거리를 돌아다니며 가정집에 들어가 돈을 훔칠 생각도 했다. 참, 미친 사람처럼 지냈다.

아내 생일날에도 남자는 경마장에 있었다. 많은 돈을 잃고 술에 취해 집에 들어갔던 날, 아이들이 하염없이 울고 있었다. 울고 있는 아이들을 보며 다시 술병을 꺼내 들었다.

남자는 경마장을 벗어나지 못했다. 경마는 죽음과도 맞바꿀 수 있는 쾌락이었다. 선택한 말이 다른 말을 제치며 앞으로 달려나갈 때의 그 느낌은 지독한 쾌락이었다고 회상했다.

경마 도박 중독은 초기와 중기, 말기로 나뉜다. 초기에는 단순히 경마가 재미있어 가지만, 결국 많은 돈을 잃는다. 중기에는 잃었던 돈을 다시 찾아오기 위해서 간다. 하지만 감당할 수 없을 만큼 많은 돈을 잃는다. 그러면 눈에 뵈는 게 없어진다. 말기에는 내가 돈을 잃을 것을 알고도 그냥 간다. 죽음을 각오하는 사람들이기 때문이다.

경마에 미쳐 사는 동안 남은 재산 한 푼 없고 가정은 파탄 났다. 매일 울며 자신을 붙잡던 아내는 결국 자살을 택했다고 한다.

얘기를 듣는 동안 남자가 측은해졌다. 경마는 본인의 선택이었지만, 의지로도 조절 안 되는 중독을 불러올 줄은 미처 생각지 못했으리라.

그때, 청천벽력 같은 소리가 내 귀에 들렸다.

"난 이제 더 이상 잃을 것도, 무서울 것도 없는 놈이요. 내 집에서 한 발짝도 못 나가. 내가 이 집에서 나가는 유일한 순간은 바로 이때일 것이요. 알겠소?"

남자가 내 눈앞에서 흔들어 보인 갈색병, 그것은 바로 농약병이었다.

작전상 후퇴

일단 작전 상 후퇴하기로 했다.
이미 술이 많이 취한 남자를 자극해서 좋을 이유가 없기에, 내일 다시 얘길 나누자는 말을 남기고 돌아섰다.

집으로 돌아오는 길, 마음이 무거웠다. 딱한 남자의 사정은 알았지만 농약병을 흔들어 보이며 나를 위협하는 대담함에 수월치 않은 명도가 예상되었기 때문이다.
최후의 수단으로 법원에 인도명령을 신청해서 강제집행을 할 수도 있지만, 그것은 말 그대로 최후의 수단이다. 그전에 협상을 잘해서 스스로 이사 나가는 길을 택하는 것이 좋다. 강제집행으로 압박하다 진짜 농약이라도 마시면 어쩌란 말인가!

당근 전략을 세우다

다음 날, 아내에게 명태찌개를 해달라 부탁했다. 내가 먹을 줄알고 준비해달라고 생각한 아내는 찌개를 그릇에 옮겨 담는 나를의아한 눈으로 바라봤다. 아내에게 밑반찬을 싸 달라 부탁해서 찬합에 몇 가지 싼 밑반찬과 밥을 들고 남자를 찾아갔다. 어제 봐서그런지 오늘은 순순히 문을 열어준다.

상을 펴고 싸 온 밥과 밑반찬을 꺼냈다. 명태찌개를 다시 한 번데워 따끈하게 만든 뒤 남자의 손에 숟가락을 쥐어주었다. 그렇게계속 술만 드시면 속 버린다는 말을 건네며 말이다.

이런 거 필요 없다며 내려놓는 남자에게 숟가락을 거듭 쥐어주자, 그때서야 한 숟가락 뜬다. 밥을 먹는 남자는 아무 말이 없다.

어느 덧 밥 한 공기를 비웠다.

난 상을 치우고 싱크대에 쌓인 설거지를 끝낸 후 남은 밑반찬을냉장고에 넣으며 이틀 후에 다시 오겠으니 꼭 제때 식사하시라는말을 건넸다. 남자는 내 말을 묵묵히 듣고 있다.

이틀 후, 콩나물국을 들고 다시 남자의 집을 방문했다. 냉장고를 보니 저번 밑반찬이 줄어든 걸로 보아 그 사이 끼니를 거르진 않은 것 같아 마음이 놓였다. 이번에도 밥상을 차려 남자 앞에 놓았다. 숟가락을 쥐어주며 어서 드시라고 독려했다.

며칠 후, 남자의 집을 다시 방문했을 때 먼 산을 바라보면 남자가 한마디 꺼낸다.

"가겠소, 이제는 어차피 내 집도 아닌데 부질없이 이러고 죽치고 앉아 있으면 안 되는 것 아니요."

지성이면 감천이라더니 이 말은 들은 순간 그동안의 감정이 녹아내리는 듯했다.

한 달 뒤, 남자는 이사를 마쳤다.
나는 소정의 이사비를 건네며 반드시 멋지게 재기하시리라 믿는다는 말씀을 건넸고, 남자는 내 두 손을 꼭 잡으며 고맙다고 했다.
농약병을 흔들어 보이며 험난했던 명도를 예견했던 사건은 서로 악수하며 훈훈하게 마무리되었다.

그 후 이 집은 깨끗이 청소를 마친 후 임대를 놓았다. 최근 5억 5,000만 원에 팔라는 제의를 거절할 정도로 현재 시세가 많이 상승해 수익률이 높은 효자 물건이다.

조천리 해당 주택 현재 모습

인도명령이란?

명도의 협상이 난항이 이어지면 법원에 인도명령을 신청할 수 있다. 인도명령이란 법원경매를 통해 부동산을 낙찰받은 사람이 낙찰대금을 완납한 후 정당한 권리가 없는 점유자(대항력이 없는 점유자)가 해당 부동산의 인도를 거부할 경우, 부동산을 인도받기 위해 법원으로부터 받아내는 집행권원이다. 명도소송보다는 시간과 절차가 비교적 간단하고, 빠른 편이다. 인도명령 신청은 부동산 경매에 낙찰되었다고 해서 바로 신청할 수 있는 것이 아니라 경락대금을 완납한 후에 신청할 수 있다. 단, 경락대금 완납한 후 6개월 이내에 인도명령신청을 해야 효력이 있다. 법원으로부터 인도명령이 받아들여지면 먼저 점유자에게 인도명령서를 송달한다. 이는 해당부동산을 낙찰자(새 소유자)에게 인도하라는 명령이다.

강제집행은 최후의 선택

인도명령서를 받고 순순히 이사를 나갈 수도 있지만 끝까지 버티는 점유자도 있다. 이런 경우 법원에 강제집행을 신청하게 된다. 낙찰자는 법원으로부터 등기발송된 인도명령결정문을 가지고 법원에 가서 강제집행신청서를 작성한다.

강제집행신청이 접수되면 집행관은 해당 부동산에 가서 부동산인도 강제집행 예고를 한다. 점유자가 있으면 예고장을 건네고 현황조사를 해서 집행 견적을 파악하고, 집에 아무도 없으면 강제로 문을 열고 들어가서 잘 보이는 벽에 예고장을 붙여놓는다.

강제집행 예고장에는 채권자로부터 강제집행 신청이 있으니 몇월 몇일까지 자진해서 부동산을 인도하고, 이 기일까지 자진해서 이행하지 않을 때는 예고 없이 강제로 집행이 되고 그 비용을 부담한다는 내용이 기재된다. 예고장까지 진행이 되면 강제집행까지 가지 않고 협상이 수월하게 이루어지는 경우가 많다.

만약 그래도 명도협상이 안되면 강제집행을 진행할 수밖에 없다. 강제집행 비용은 물건마다 다른데 대략 32평 3억 정도 아파트인 경우 200~300만 원 정도 소요된다고 보면 된다. 비용은 점유자가 부담하는 게 원칙이지만, 현실적으로 낙찰자가 먼저 부담해야 한다. 이 비용을 점유자에게 청구할 수 있지만, 강제집행을 당하는 점유자에게 강제집행비용을 받은 것은 현실적으로 어려운 일이다. 낙찰자가 점유자의 재산을 압류해서 비용으로 충당할 수도 있으나 이도 집행권원이 있어야 하므로 소송을 해야 한다.

최우선변제권은 뭐지?

앞 사례에서 주택의 임차인이 말소기준등기보다 전입신고가 늦은 후순위임차인 임에도 최우선 변제권에 의해 임차보증금 중 일정금액을 먼저 배당받는 사례를 언급했다.

최우선변제권이란 주택임대차보호법에 의해 임차주택의 경·공매 시에 소액임차인의 보증금 중 일정액을 다른 담보물권자보다 우선해 변제받는 권리를 말한다. 최우선변제권의 성립요건을 갖춘 임차인은 매각가격의 1/2범위 내에서 보증금 중 일정액을 가장 먼저 변제받게 된다.

최우선변제권의 성립요건은,
① 보증금이 소액에 해당할 것
② 경매개시결정기입등기 전에 대항력요건(주택인도와 전입신고)을 갖출 것
③ 배당요구 종기일까지 배당요구를 할 것
④ 배당요구 종기일까지 대항력을 유지할 것

(최우선변제권을 행사하기 위해서는 배당요구 종기일까지만 유지하면 되지만, 배당금을 받을 때까지 유지하는 것이 안전하다. 경매는 언제든 취소될 수 있기 때문이다)

소액임차인 범위 확인

소액임차인 범위는 대법원 인터넷 등기소(www. iros.go.kr)에서 확인한다.

인터넷등기소 홈페이지

소액임차인의 기준은 지역마다 다른데 우선 서울특별시를 살펴보자. 선순위 담보물권이 없을 때 2016년 3월 31일 이후 계약한 임차보증금 범위는 1억 원 이하, 3,400만 원을 먼저 배당해준다는 뜻이다. 기준금액을 넘을 경우 최우선변제금을 한 푼도 받지 못하고 해당 전입일자, 확정일자, 배당요구를 모두 갖춘 경우 우선변제권의 순위에 따르니 최우선 변제권에 비해 순위가 뒤로 밀리게 된다.

근저당설정 금액이 과도한 집에 임차 계약 시, 혹시 모를 경매·공매에 대비해 내 보증금 액수를 이 임차인보증금 범위 이하로 설정해 유사시에 최우선변제금을 배당받을 수 있도록 해두자.

1. 주택임대차보호법

기준시점	지 역	임차인 보증금 범위	보증금 중 일정액의 범위
1990. 2.19.~	서울특별시	2,000만 원 이하	700만 원
1995.10.19.~	서울특별시	3,000만 원 이하	1,200만 원
2001. 9.15.~	서울특별시	4,000만 원 이하	1,600만 원
2008. 8.21.~	서울특별시	6,000만 원 이하	2,000만 원
2010. 7.26.~	서울특별시	7,500만 원 이하	2,500만 원
2014. 1. 1.~	서울특별시	9,500만 원 이하	3,200만 원
2016. 3.31.~	서울특별시	1억 원 이하	3,400만 원

서울 주택임차인 보증금 범위

이때 주의할 점은 소액임차인의 기준 시점은 최초의 담보물권(저당권, 근저당권, 가등기 담보권 등) 설정기준이다. 내가 임차한 시기가 아님을 유의하자. 예를 들어 서울의 주택에 2008년 10월 20일자의 근저당권이 설정되어 있다면 이 집을 2016년 3월 31일 이후에 임차하더라도 임차보증금의 범위가 1억 원이 아니라 6,000만 원이며 이에 최우선변제금은 2,000만 원이다.

보증금이 변동되었는데 소액임차인에 해당될까?

임대차관계가 지속되는 동안 임대차보증금의 증감·변동이 있는 경우, 소액임차인에 해당하는지 여부의 판단 기준은 배당시의 보증금 기준이다(대구지방법원 2003가단134010).

따라서 처음 임대차계약을 체결할 당시 임대차보증금의 액수가 적어서 소액임차인에 해당한다고 하더라도 그 후 갱신과정에서 증액되어 그 한도를 초과하면 더 이상 소액임차인에 해당하지 않게 되고, 반대로 처음에는 임대차보증금의 액수가 많아 소액임차인에 해당하지 않는다 하더라도 그 후 갱신과정에서 감액되어 한도 이하로 되었다면 소액임차인에 해당한다.

12억 원에 낙찰받아 80억 원에 내놓다

제주한림병원. 원래 한림의 최대 종합병원이었으나 경영난을 이기지 못하고 경매로 나왔다. 42억 3,800만 원의 감정가가 4회 유찰을 거치며 10억 1,700만 원에 최저가가 형성되어 있었다.

임장을 위해 병문안 온 척하며 병원에 들어갔는데 온통, 병실에 노인들이 가득해 마치 노인 요양원에 온 듯한 착각을 불러올 정도였다. 현재 운영자는 의료법인이었는데 내가 낙찰받는다면 병원으로 운영할 생각은 없었다.

우선 이 건물을 활용할 사람이 나타나면 임대를 주는 것이 주목적이었다. 즉, 유스호스텔이나 노인 요양원, 수련원 등 가능한 종목으로 세를 주는 것이다. 의료 영리법원이 통과되면 의료요양병원으로 임대하거나 매매할 생각이었다.

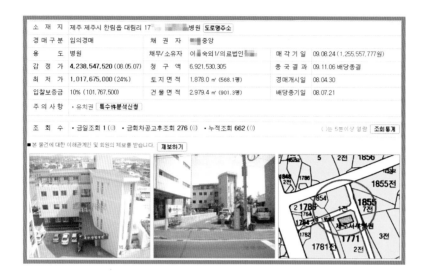

소 재 지	제주 제주시 한림읍 대림리 17 ▓▓ ▓▓▓▓병원 **도로명주소**				
경 매 구 분	임의경매	채 권 자	▓▓중앙		
용 도	병원	채무/소유자	이▓숙외1/의료법인▓▓	매 각 기 일	09.08.24 (1,255,557,777원)
감 정 가	**4,238,547,520** (08.05.07)	청 구 액	6,921,530,305	종 국 결 과	09.11.06 배당종결
최 저 가	1,017,675,000 (24%)	토지 면적	1,878.0 ㎡ (568.1평)	경매개시일	08.04.30
입찰보증금	10% (101,767,500)	건물 면적	2,979.4 ㎡ (901.3평)	배당종기일	08.07.21
주 의 사 항	• 유치권 **특수件분석신청**				

조 회 수	• 금일조회 1 (0) • 금회차공고후조회 276 (0) • 누적조회 662 (0)	( )는 5분이상 열람 **조회통계**

■ 본 물건에 대한 이해관계인 및 회원의 제보를 받습니다. **제보하기**

개찰 결과 응찰자는 2명이었는데 12억 5,000만 원을 쓴 필자가 낙찰받았다. 유치권 신고가 되어 있었으나 채권자인 은행이 유치권배제신청을 해놓은 상태였다. 이미 임장 시에 은행에 들려 여러 정황을 듣고 입찰한 터였다. 지하장례식장 임차인이 유치권을 주장해 현수막을 걸었으나, 딱히 유치권을 주장할 만한 사유가 되지 않았다.

"저, 선생님?"

법원을 나오는 나에게 누군가 말을 건넨다. 돌아보니 오늘 2등으로 떨어진 사람이다.

한림병원 전경

"선생님, 잔금납부 하실 건가요?"

"당연하지요, 잔금납부를 하지 않을 생각이었으면 낙찰을 왜 받았겠어요?"

남자의 얼굴에 아쉬움이 스쳐 지나갔다.

"선생님, 이거 얼마에 파시겠어요? 아쉽게 떨어져서 그러는데, 다시 사고 싶거든요."

"글쎄요…, 아직 정확히 생각해보진 않았습니다."

"이거 제 연락처입니다. 생각해보시고 연락 주십시오."

남자는 내 손에 명함을 쥐어주고 자리를 떠났다. 이 사람은 진천에서 노인요양병원을 운영하는 대표였다.

집으로 돌아와 곰곰이 생각하다 남자에게 연락을 했다. 난 20억 원을 제안을 했고 남자는 너무 높다며 거절했다.

낙찰 후 얼마 지나지 않아 유치권자로부터 전화가 걸려왔다.

"낙찰받은 강신홍 씨죠? 내게 5,000만 원을 주지 않으면 한 발짝도 움직이지 않겠소."
"아니, 유치권을 주장할 사유가 안 되는데, 어떤 이유로 5,000만 원씩이나 달라고 하십니까?"
"긴 말 필요 없고 5,000만 원 안 주면 가만두지 않겠으니 그리 아시오."

강한 어투로 협박하는 유치권자는 실제 적법하게 주장하는 유치권이 아니었다. '유치권 행사 중'이란 단순 현수막을 걸어놓은 것이 다였고, 유치권의 핵심 요건이 점유가 이뤄지지 않는 상태였다. 유치권의 기본 요건도 갖추지 않은 채 말로만 유치권을 떠들고 있는 것이다.

시간이 흘렀다.
5년이 지나자 다시 내게 접근을 해왔다. 20억 원에 사겠으니 팔라는 것이다.

난 5년간 이자와 재산세가 2억 원 이상 들어갔으니 30억 원을 달라고 했고, 그 대표는 가격이 높다며 다시 물러섰다.

2015년, 물건을 사겠다는 사람이 나타났다. 중국 베이징 사람인데 연수원 용도로 35억 원에 매매가 거의 타결되는 듯했으나, 비행기를 타고 현장답사를 온 관계자는 옆집의 장례식장을 보더니 난색을 표했다. 연수원 용도인데 근처에 장례식장이 있어서 안 되겠다는 것이다. 실제 우리 건물 바로 앞에 노인요양병원이 있으며 그 건물 지하층에 장례식장이 있다.

그 후에도 몇몇 매수 문의자가 있었으나 가격이 맞지 않아 팔지 않았다. 몇 년이 흐르는 사이 가격이 더욱 상승해 현재 80억 원에 매물로 내놓은 상태다.

주무관청의 허가서

학교법인이나 사회복지법인, 종교법인, 의료법인 등 특수법인 소유의 기본재산을 처분할 시에는 관할 주무관청의 허가서를 받아야 한다.

특수법인에 따른 주무관청은 다음과 같다.

- 학교법인 – 관할 관청 허가
- 사회복지법인 – 보건복지부장관 허가
- 전통사찰 – 문화체육관광부장관 허가
- 의료법인 – 시도지사의 허가

사립학교법 제28조(재산의 관리 및 보호) ①항

학교법인이 그 기본재산을 매도·증여·교환 또는 용도변경하거나 담보에 제공하고자 할 때 또는 의무의 부담이나 권리의 포기를 하고자 할 때는 관할청의 허가를 받아야 한다. 다만, 대통령령이 정하는 경미한 사항은 이를 관할청에 신고해야 한다.

의료법 제48조(설립 허가 등) ③항

의료법인이 재산을 처분하거나 정관을 변경하려면 시·도지사의 허가를 받아야 한다.

이는 경매에서도 마찬가지로 주무관청의 허가서가 필요한데, 경매개시 당시 허가서가 미리 첨부되는 경우도 있다.

① 채권자가 경매개시 전에 관할관청의 허가서를 미리 첨부한 경우
② 채무자가 주무관청에 낙찰자 앞으로 소유권이전을 해달라는 요청서를 보낼 경우
③ 저당권설정당시 이미 관할관청의 허가를 받고 이 저당권을 바탕으로 경매가 개시되는 경우

실제 앞 선 사례의 한림병원을 낙찰받을 때 주무관서 허가증이 필요하지 않았다. 해당 사건의 매각물건 명세서에 주무관서 허가증을 첨부하

라는 말이 없었으며 소유권이전 등기시에도 문제가 없었다.

이런 경우 2가지로 볼 수 있는데,

첫째, 채권자가 관할 관청의 허가서를 미리 첨부한 경우

둘째, 해당 물건이 특수법인의 기본재산이 아닌 경우다.

매각물건명세서를 반드시 확인하라

특수법인의 물건을 입찰시에는 매각물건명세서에 '주문관청의 허가서를 제출하라'는 표기 유무를 꼭 살펴야 한다. 표기가 있는 경우 낙찰자는 주무관청의 허가서를 매각결정기일까지 법원에 제출해야 한다. 그렇지 않으면 입찰보증금이 몰수된다.

이 처분허가서는 낙찰자가 신청하는 것 아닌 채무자인 법인이 신청해야 한다. 그런데 채무자인 법인이 자신의 재산이 경매로 매각되는 상황에 스스로 신청해줄 리가 없다. 따라서 허가서 발급이 거의 불가능하다고 보면 된다. 허가서 첨부여부는 매각물건명세서의 비고란에 기재된다.

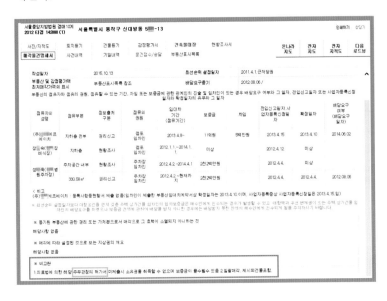

36 처갓집을 한방에 살린 호텔

'따르릉… 따르릉….'

"네, 여보세요."

"제부, 안녕하세요, 그동안 잘 지내셨어요? 저 김인숙(가명)이
에요."

"아~ 처형, 안녕하셨어요?"

전화를 건 사람은 다름 아닌 아내의 사촌언니였다.

형님이 상업은행장으로 퇴임하자 퇴직금을 모아 강남에서 큰 아
이스크림 프랜차이즈를 개업했다. 수억 원이 족히 넘는 돈을 들여
사업을 시작했는데, 세상은 그리 녹록지 않았다. 결국 많은 손해를
보며 사업에 실패한 후 경매를 해보고 싶다는 뜻을 전하기 위해 필
자에게 전화를 한 것이다.

그동안 경매로 수익을 내며 본가와 처가도 살려야겠다는 일종의 사명감이 있어 끊임없이 주변 가족들에게 경매를 하라고 권유했다. 처음에는 듣는 둥 마는 둥 하던 가족들이 생활이 어려워지자 가장 먼저 연락하는 사람이 필자였다.

내 친동생도 잘나가던 현대를 하루아침에 그만 두고 내게 도움을 요청해 경매에 뛰어들어 수십억 원을 벌고 있을 때였다. 둘째 처남도 경매에 뛰어들어 상당한 성공을 거두면서 처가 쪽 친척들도 필자가 경매로 잘나간다고 느끼고 있던 차였다. 이를 보고 프랜차이즈 매장에서 큰 손실을 본 사촌처형이 내게 전화를 한 것이다.

입찰할 물건을 물색하던 중 제주시 연동의 호텔이 눈에 띄었다. 임장조사를 위해 손님으로 위장해 투숙한 뒤 객실의 상태와 위치, 총 객실 수를 조사했다. 조사 결과 객실은 42개였으며, 최고 좋은 입지에 위치해 있는 호텔이었다.

대지가 100평인 호텔은 대지감정 가격이 약 4억 원, 건물감정 가격이 약 11억 원으로 15억 원이 넘는 감정가에 1회 유찰되어 11억 원의 최저 가격이 형성되어 있었다. 난 충분히 승부가 있다고 판단해서 처형, 사촌처형, 처남, 아내 등 처갓집 식구들로 공동입찰자를 결정했고 7,777만 원을 더 높여 응찰, 결과는 단독입찰이었다.

누구나 그렇듯 입찰가격을 쓸 때는 고민의 연속이다.

소 재 지	제주 제주시 연동 2 -41 도로명주소		
경 매 구 분	임의경매	채 권 자	주 저축은행
용 도	숙박	채무/소유자	개발	매 각 기 일	11.07.25 (1,177,777,777원)
감 정 가	1,581,251,700 (11.03.07)	청 구 액	1,081,386,531	종 국 결 과	11.10.21 배당종결
최 저 가	1,106,876,000 (70%)	토지면적	330.6 ㎡ (100.0평)	경매개시일	11.01.05
입찰보증금	10% (110,687,600)	건물면적	2,167.6 ㎡ (655.7평)	배당종기일	11.03.28
조 회 수	• 금일조회 1 (0) • 금회차공고후조회 339 (2) • 누적조회 561 (3)		()는 5분이상 열람

■본 물건에 대한 이해관계인 및 회원의 제보를 받습니다. 제보하기

사느냐, 죽느냐를 고뇌하던 햄릿만 복잡한 것이 아니다. 햄릿의
고뇌 못지않게 경매 입찰자들은 깊은 갈등과 번민에 쌓인다. 입찰
가격을 조금 낮추면 떨어질 것 같고, 조금 높이자니 2등과 금액 차
이가 많이 날 것 같아 고민이다. 입찰봉투를 입찰함에 넣는 그 순
간까지 고민이고, 집행관이 최고가매수신고인을 호명하는 순간까
지 가슴이 두근거린다.

이렇게 영업이 잘되고 있는데 왜 단독입찰일까? 낙찰받은 사실
은 기쁘지만 2등이 가격을 뒷받쳐주면 더 짜릿할 텐데 왠지 허탈
하다. 마치 적이 없는데 칼을 휘두르며 폼을 잡은 것 같다.
단독입찰이든, 여러 입찰자들을 제치고 낙찰이 되었든, 적어낸
낙찰 가격은 동일하기에 응찰자 수에 따라 내 수익률이 비례하는
것은 아니다. 하지만 다른 입찰자들이 있는 경우, 심리적으로 이겼

다는 마음을 갖는 것이 사실이다.

지금 생각하니 그 당시 연동호텔은 바다 조망이 안 나오는 것이 다른 입찰자들에게 영향을 끼친 듯하다. 놀러온 관광객들이 온통 바다 쪽에 관심이 있어 시내 호텔은 공실이 꽤 많았다. 시내라 특별히 즐길 거리가 많지 않아 바닷가 외곽으로 숙소를 예약하는 경우가 많았다. 실제 연동에 위치한 7개의 호텔이 경매에 붙여지기도 했다.

낙찰 후 먼저 호텔의 채권은행이던 삼호저축은행에 전화했다. 채권팀 담당자는 호텔의 전 소유자가 여러 가지 사업을 운영해 제주도 호텔을 직접 관리하지 못하는 이유로 지인에게 맡겼다고 했다. 부실한 관리체제, 방만한 운영, 자금 횡령 등을 일삼은 지인 탓에 결국 호텔은 자금난으로 이자를 갚지 못해 경매에 나온 거라는 이야기를 해주었다. 영업이 잘되고 있는 호텔이라 관리만 잘하면 좋았을 거란 얘기도 덧붙였다.

낙찰받은 후 호텔을 임대 놓았는데 단독입찰에도 아랑곳없이 높은 수익률을 자랑하고 있다. 낙찰가의 85%를 대출받았으며, 현재 보증금 3억/월 1,500만 원의 임대료를 받고 있다.
수익률 156%의 고수익을 자랑하는 곳이다.

호텔 도전기

사실, 앞서 본 호텔이 처음 입찰해서 낙찰된 것이 아니다. 7전 8기의 정신으로 응찰을 거듭할 결과 2승을 거둔 호텔 중 하나다.

그동안 응찰했던 호텔 중 제일 큰 규모는 연동 '더 호텔'이다. 당시 400억 원의 감정가에 1회 유찰되어 280억 원에 나온 적이 있다. 손님으로 가장해 투숙한 뒤 1층부터 샅샅이 객실을 살펴보았다. 대개 방 3개 이상의 규모가 큰 객실이 많았고, 숙박료가 비싸 공실이 많은 듯했다. 유일하게 카지노만 성업하고 있었다.

호텔 로비에 앉아 차를 마시며 주위를 둘러보니 커피숍 인테리어가 최고급이다. 1층에 위치한 베이커리와 음식점 또한 럭셔리했다. 최고급 인테리어를 갖춘 커피숍에서 고풍스러운 음악을 들으며 커피를 마시니 마치 상류사회에 진입한 착각이 들 정도다.

'역시 큰 호텔은 뭐가 달라도 다르구나.'

꼭 낙찰받고 싶었다. 하지만 얼마 후 경매가 취하되어버렸다. 취하를 내 의지로 막을 수 있는 일이 아니었지만, 아쉬움에 오랫동안 기억에 남는 물건이다.

그 후 2012년경 중국 재벌에게 1,000억 원에 매매되었다는 소식을 들었다.

'더 호텔'의 경매 취하 후 아쉬워하고 있을 때 '동양관광호텔'이 경매에 등장했다. 대지 400평, 객실 58개다. 역시 손님으로 위장해 1층부터 꼭대기 층까지 둘러보았다.

프론트 직원에게 호텔이 경매로 나온 정황을 물으니 원래 소유주가 함덕 대명콘도 주인이었는데, 이 호텔을 운영하다 적자가 나자 이자를 갚지 못해 경매에 나온 거라고 했다.

50억 원의 감정가에서 1회 유찰되어 35억 원에 최저 가격이 형성되어 있었다. 거래하던 제주도 모 은행 지점장과 대출계 과장, 우리가족, 처남 등 총 7명이 공동입찰하기로 해서 보증금 3억 5,000만 원을 만들었다. 공동입찰 목록에 입찰자의 지분을 투자하는 자금에 비례해 나누었다.

지분은 1/20로 나누었다. 자금이 여유 있는 사람은 4/20, 자금이 없는 사람은 1/20로 나누는 식이다. 나도 2/20 지분으로 참여했다. 공동입찰자들의 인감증명서와 위임장을 받아 내가 본인이자, 대리인으로 입찰했다. 38억 5,000만 원을 적은 필자는 40억 원을 쓴 낙찰자에 밀려 아쉽게 2등을 했다.

하지만 1등 낙찰자가 채권자인 우리은행 채권팀이 입찰한 것을 알게 되었다. 집행관이 응찰자 2명 다 법대 앞으로 나오라고 했다. 앞으로 나가자 낙찰자인 '여의도 우리은행'의 대리인으로 나온 우리은행 부부장이 나에게 차순위 신고를 하고 물건을 가져가라고 한다. 채권확보가 우선인 은행은 잔금납부를 하지 않겠다고 했다. 의구심이 들었다. 낙찰받았는데 굳이 나에게 차순위 신고를 하고 가져가라니? 그래도 혹시나 하고 차순위신고를 하고 밖으로 나왔다. 마침 밖으로 나온 은행 담당자와 이야기를 나눌 기회가 있었다.

"왜 굳이 입찰보증금을 날리면서 물건을 포기하시는 겁니까?"
"채권자인 저희 은행은 입찰을 포기해도 입찰보증금을 몰수당하지 않으니 걱정하지 마세요."

이 당시 말의 뜻을 정확히 알 순 없었지만, 나중에 알아본 결과 입찰보증금을 몰수당하지 않는다는 그의 말은 사실이었다.

차순위신고를 해놓은 터라 낙찰 시 대출금을 확보하기 위해 연동 소재 대형 은행 지점장들과 대출 가능금액을 타진했다. 그중 연동 외환은행 지점장이 80%의 대출이 가능하다는 회신을 보내왔고, 연동 제주은행 지점장도 최선을 다해보겠다는 답변을 했다.
이렇게 잔금납부 준비가 순조롭게 진행되고 있었다.

낙찰자인 우리은행의 잔금납부 3일 전이다. 나는 여의도 우리은행의 채권팀 부부장에게 전화를 했다.

"안녕하세요, 우리은행 채권팀 부부장님. 동양관광호텔 차순위신고한 강신홍입니다. 차순위 잔금납부 준비가 다 되었으니 예정대로 잔금납부기일이 지나 차순위 잔금납부기일이 잡히면 바로 잔금납부하겠습니다."

그런데 들려오는 상대방 목소리는 나를 허무하게 만들었다.

"아이고 선생님, 죄송하게 됐습니다. 저희 은행이 이 호텔을 인수해서 매각하기로 했습니다. 이에 마침 매매 적임자가 나타나 계약을 해놓은 상태입니다. 오늘 잔금납부를 할 예정입니다."
"아니… 그렇다면 왜 진작 얘기해주지 않으셨어요?"

허탈함과 원망어린 목소리가 뒤섞여 나왔다. 얼마에 팔았는지 묻는 질문에 회사 기밀이라 말할 수 없다는 답변이 들려올 뿐이었다.
결국 법원으로부터 입찰보증금 3억 5,000만 원을 돌려받고 다음을 기약하는 수밖에 없었다.

현재 제주 퍼시픽호텔(구 동양관광호텔)은 대지가 400평이다. 평당 3,000만 원으로 계산하면 대지만 120억 원, 객실 60억 원 이상 등 200억 원의 가치로 상승해 있다. 앞으로 연동 상가지역 지가가 평당 5,000만 원도 멀지 않다고 보기에 이럴 경우 호텔 가격은 300억 원으로 뛸 예상이다. 차순위 신고를 하며 대출까지 알아봤던 터라 아쉬움이 남는 물건이다.
그 외 연동소재 호텔이 계속 경매에 나왔다. 글로리아 호텔 45억 원, 해럴드 호텔 27억 원, 포시즌 호텔 12억 원 등 계속 입찰했으나

소 재 지	제주 제주시 건입동 13■■-48 ,-130 [일괄]-130. 도로명주소		
경 매 구 분	임의경매	채 권 자	㈜ ■■■저축은행(변경전: ㈜ ■■■상호저축은행)

용 도	숙박		매 각 기 일	13.02.18 (2,900,000,099원)
감 정 가	3,095,621,000 (12.07.10)	채무/소유자 양■수	종 국 결 과	13.04.26 배당종결
최 저 가	2,166,935,000 (70%)	청 구 액 5,850,000,000	경매개시일	12.06.22
입찰보증금	10% (216,693,500)	토지 면적 449.0 ㎡ (135.8평)	경매개시일	12.06.22
		건 물 면 적 2,337.7 ㎡ (707.2평)	배당종기일	12.09.10

조 회 수 · 금일조회 1 (○) · 금회차공고후조회 343 (7) · 누적조회 703 (12)   조회통계

■ 본 물건에 대한 이해관계인 및 회원의 제보를 받습니다. 재보하기

낙찰받은 임프레스 호텔

결과는 패찰이었다.

그러던 중 제주시 탑동 소재 임프레스 호텔이 경매에 나왔다. 대지 135평, 객실 50개 감정가 31억에 1회 유찰되어 21억 원에 형성되어 있었다. 공동입찰을 결정하고 지분을 1/20로 쪼개어 처남이 5/20, 내가 4/20 등 총 7명이 투자한 자본금액에 비례해 지분률을 정해 20억에 입찰한 후, 드디어 낙찰받았다.

개찰 결과 6명이 입찰한 이 호텔의 낙찰자로 호명되는 순간 가슴이 짜릿했다. 처음에 27억을 적었다가 입찰마감 3분 전에 입찰서를 찢어버리고 2억 원을 더 올려 29억으로 가격을 썼기 때문이다. 개찰 결과를 보니 원래대로 27억 원을 적어냈으면 패찰일 뻔했다.

그날 밤 6억 원을 줄 테니 낙찰을 포기해달라고 사정하는 사람까지 나타났으니 입찰가 산정에 행운이 작용한 듯하다. 당장 팔기보다 향후 시세차익을 더 두고 보기로 해서 임대를 놓았다. 지금은 보증금 3억 원/월 3,100만 원이 들어오는 최고의 수익률을 기록중이다.

이렇게 연동 소재 호텔 7개에 계속 도전해 2개를 낙찰받았다. 2개의 호텔 임대료는 각각 보증금 3억 원/월 1,500만 원, 3,100만 원 씩 받고 있어 156%, 200%의 수익률을 자랑하고 있다.

낙찰가의 85%를 대출받았고 임차인에게 받은 보증금 3억 원으로 투자금은 거의 회수해 무피 투자가 되었다. 즉, 이렇게 레버리지를 잘 활용하면 많은 자본 없이도 굴릴 수 있는 시스템을 터득해 높은 수익률을 얻을 수 있다.

방어입찰

경매에서 채권자(은행, 유동화회사, AMC 등)가 방어입찰을 하는 경우가 간혹 있다. 낙찰가가 채권액보다 낮아질 것으로 예상된다면 차라리 직접 경매에 참여해 물건을 받는 것이 손해를 줄일 수 있는 방법이다. 하지만 모든 채권자가 방어입찰을 하는 것은 아니다. 물건을 취득한 후 매각까지 소요되는 기간, 매각 시 시장의 적정가격 불투명, 유지·관리의 어려움, 자금 동결 등을 들어 이해타산을 고려하게 된다. 경매를 통해 제3자가 낙찰받는 경우 채권금액보다 다소 낮게 매각된다 하더라도 채권회수 기간이 빠르고 별도의 비용이 들지 않는 점이 장점이다.

앞선 사례에서 최고가매수인으로 선정된 은행이 잔금납부를 포기할 예정을 말하며 필자에게 차순위매수신고를 독려한 것도 이 같은 이유다.

최고가매수인으로 선정된 은행이 잔금기일까지 잔금납부를 하지 않으면 입찰보증금(보통 최저매각금액의 10%)을 몰수당한다. 하지만 몰수된 입찰보증금은 다음 낙찰가액에 포함되어 배당재산이 되니 결과적으로 은행의 배당으로 귀결되게 된다.

예를 들어 은행의 채권액이 42억 원인 경우를 보자. 은행은 낙찰 가격에서 42억 원을 배당받거나 42억 원의 입찰가격을 써서 입찰에 참여할 수 있다.

이때 온전한 채권회수가 목적이라면 채권액 전액을 적어 입찰한다. 이보다 높은 가격을 적은 최고가 매수인이 있는 경우 채권자는 경매에서는 패찰이지만 온전히 채권액을 배당받을 수 있다. 채권자가 가장 높은 가격을 적은 경우 해당 물건의 소유자가 된다. 즉, 못 받은 채권대신 물건으로 받는 셈이다.

전액의 채권액 회수가 목적이 아닌 낮게 입찰되는 것을 방지할 목적이라면 타당하다고 생각하는 회수금액을 적고 방어입찰에 들어간다. 방어입찰의 목적은 낙찰받겠다는 의지보다는 터무니없이 낮은 가격에 매각되어 채권액에 손해를 끼침을 방지할 목적이다. 즉, 원하는 가격보다 낮게 매각될 바에야 차라리 물건으로 받을 목적이다. 이런 경우 원채권액보다 살짝 낮게 적어서 내는 경우도 있다. NPL 등으로 채권을 사온 경우 원 채권금액보다 할인한 금액을 지불했으니, 낮게 적어서 내도 손해가 없는 경우도 많다.

앞선 사례와 같이 은행 40억 원, 필자 38억 5,000만 원을 적은 경우 은행이 낙찰자가 된다. 이때 은행은 잔금납부를 하지 않을 생각으로 필자에게 차순위 신고를 하라고 했다. 원래 방어입찰이 목적이었는데 덜컥 낙찰이 된 경우다.

차순위신고인이 있는 경우 최고가매수인이 대금을 납부하지 않으면 입찰보증금은 몰수되어 배당재산에 포함되며, 차순위 매수인에게 잔금기일이 정해진다.

은행은 3억 5,000만 원(최저매각가격의 10%)의 입찰보증금을 몰수당하지만 결과적으로 배당재산에 포함되니 38억 5,000만 원+3억 5,000만 원=42억 원이 된다.

결과적으로 채권액 전액을 배당받는 셈이 되므로 입찰보증금을 손해보지 않았다는 말이 여기서 나오는 것이다.

은행이 잔금납부를 하지 않아 차순위신고인이 잔금납부를 하는 경우 건물을 인수하는 것보다 채권회수가 빠르고 유지·관리하는 복잡함이 없으니 은행은 이 방법을 택했고 필자에게 차순위 신고를 권유한 것이다. 결과적으로 은행이 잔금납부를 하고 호텔을 인수하며 차순위 신고는 허탕으로 돌아갔다.

차순위신고 시 입찰보증금을 반환받지 못한다. 최고가매수인이 잔금을 미납했을 경우, 차순위신고인에게 잔금납부기일이 정해진다. 이때 잔금은 차순위 신고금액에서 입찰보증금을 제한 금액이다. 최고가매수인이 잔금납부를 하는 경우 소유권이전이 확정되었으므로 차순위신고인의 입찰보증금은 반환된다.

채권상계신청

채권자(근저당권자, 압류권자, 임차인 등)가 방어입찰 시 해당 경매 물건 낙찰 후 배당 금액이 있는 경우 이에 대한 '채권상계신청'이 가능하다. 채권상계신청이란 낙찰가에서 본인이 배당받을 금액을 뺀 나머지 차액에 대해서만 잔금 납부하도록 법원에 신청하는 제도다. 이는 채권자가 잔금 납부한 금액으로 당사자인 채권자가 배당받는 형태이므로 '채권상계신청'이 존재하는 것이다. 방어입찰을 해서 최고가매수인으로 선정된 채권자가 해당 물건의 소유권을 직접 취득할 목적인 경우 신청하면 된다.

채권상계신청 기간은 낙찰 후 일주일 이내에 경매계에 관련 서류를 제출하면 된다. 이 기간이 도과하면 상계신청은 받아들여지지 않아 전액을 잔금 납부해야 한다(그 뒤에 배당받는다).
채권상계신청이 받아들여지면 대금납부기한과 배당기일이 같은 날에 잡힌다.

채권상계신청서

사건번호 : _____타경 _____호

채 권 자 :

채 무 자 :

위 사건에 관해 매수인이 납부할 매각대금을 민사집행법 제
143조 제2항에 의해 매수인이 채권자로서 배당받을 금액한
도로 상계해주시기 바랍니다.

○○○○년 ○○월 ○○일

매수인 겸 채권자 : ○○○(인)

연락처(☎) : 010-○○○○-○○○○

○○지방법원 귀중

37
1,000%의 수익률을 달성하다

경매 물건을 검색하던 나의 손이 멈췄다. 꽤 괜찮아 보이는 물건을 발견했기 때문이다.

제주시청 근처 대학로 먹자골목, CGV 극장 등 교통과 인프라가 최고인 지역에 위치한 물건이다. 사건을 살펴보던 나의 가슴이 쿵쾅거리기 시작했다. 그동안의 경험으로 좋은 물건을 발견하면 몸에서 먼저 반응하는 것이다.

빌딩은 총 8층이었는데 2, 4, 5, 6, 7층이 물건번호를 달리해서 각각 경매가 진행되고 있었다.

해당 6, 7층은 현재 산후조리원으로 사용 중이다. 현장을 둘러보고 싶은 마음에 6, 7층을 방문했으나, 철통 같은 보안에 외부인이 함부로 출입할 수 없도록 2중 잠금장치가 돼 있었다.

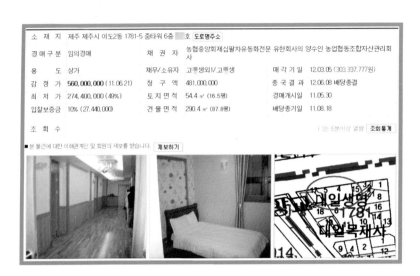

소 재 지	제주 제주시 이도2동 1781-5 줌타워 6층 ▊호	도로명주소	
경매구분	임의경매	채 권 자	농협중앙회제십팔차유동화전문 유한회사의 양수인 농업협동조합자산관리회사
용 도	상가	채무/소유자	고▊생외1/고▊생	매각기일	12.03.05 (303,337,777원)
감 정 가	560,000,000 (11.06.21)	청 구 액	481,000,000	종국결과	12.06.08 배당종결
최 저 가	274,400,000 (49%)	토지면적	54.4 m² (16.5평)	경매개시일	11.05.30
입찰보증금	10% (27,440,000)	건물면적	290.4 m² (87.8평)	배당종기일	11.08.18
조 회 수			( )는 5분이상 열람		조회통계

■ 본 물건에 대한 이해관계인 및 회원의 제보를 받습니다. 제보하기

어떻게 할까 고민하다 부딪쳐보기로 했다.

삐···. 삐···.

잠금장치 옆에 있던 벨을 눌렀다.

"누구세요?"

여성의 목소리가 들려온다.

"아··· 여기 산후조리원이죠? 다름 아니라 제 큰딸이 곧 아이를 낳을 예정이라 이곳에서 산후조리를 하면 어떨까 해서 찾아왔습니다."

어디서 이런 기지가 나왔는지 모를 정도로 순간적으로 내뱉은 말이다.

"아, 그러세요? 잠시만 기다리세요."

철커덕….
문이 열렸다.

하얀 가운을 입은 여성을 따라 안으로 들어갔다. 6개의 방 내부를 보는데 탄성이 절로 나왔다. 최고급 인테리어에 각 방마다 넓은 화장실이 구비되어 있었다.

'게스트하우스로 하면 딱 좋겠다….'

내부를 구경하는 동안 이 생각이 내 머릿속을 떠나지 않았다. 신생아실을 보니 수십 명의 아기가 올망졸망 있었다.

7층으로 올라갔다. 이곳은 객실 위주로 꾸며진 곳이었다. 10개의 객실은 거의 호텔 최상급 수준의 자제로 꾸며져 있었고, 식당과 주방도 손댈 필요조차 없을 정도로 훌륭했다.

5억 6,000만 원의 감정가가 2회 유찰을 거치며 2억 7,000만 원에 최저가가 형성되어 있다. 6층은 3억 원이 약간 넘는 금액을 적었고, 객실이 많은 7층은 3억 8,000여 만 원을 적었다. 심장이 터질 것 같이 두근거리는 기다림과는 무색하게 결과는 둘 다 단독 입찰이었다.

찰나, 1억 5,000여 만 원이나 더 쓰고 낙찰받았다는 생각에 다소 씁쓸한 생각이 든 것도 사실이다. 하지만 이 물건은 분명 수익을 안겨줄 것이 자명했기에 이내 아쉬운 생각은 떨쳐졌다.

낙찰받은 후 알고 보니 이 빌딩은 제주시내 '다나 산부인과'에서 운영하는 '다나 산후조리원'이었다.

명도를 위해 이윽고 병원장 5명과 대면하게 되었다. 3명은 분당에서 온 의사였고, 2명은 제주 출신 산부인과 의사로 구성이었다.

이들은 처음 텅 빈 상가빌딩을 임차해 각 층당 수억 원의 비용을 들여 산후조리원으로 인테리어를 했다. 초반에는 상당한 수익을 기록했던 산후조리원이 갈수록 늘어나는 경쟁업체에 수입이 현저히 줄어 적자에 시달리게 되었다.

"거두절미하고 인테리어 비용 2억 원만 주십시오. 안 주면 모든 시설을 뜯어가겠으니 그리 아십시오."

5명의 의사 중 대표의사로 보이는 이가 말을 꺼냈다. 협상보다 협박에 가깝다. 나는 헛웃음이 났다.

"원장님, 이 모든 건물은 경매로 나올 때 감정평가되어 낙찰자인 제가 그 비용을 지불하고 소유권을 이전받은 것입니다. 재물을 손괴하면 형사상의 문제가 발생해 원장님은 제주 경찰서 강력계를 수십 번 들락거려야 할 것입니다. 그러니 포기하십시오."

"아니, 우리 돈을 들여 인테리어 했는데 못 가져간다는 게 말이 되오? 철저히 다 뜯어갈 테니 그리 아시오."

이 말을 남기고 대표원장은 자리를 떴다. 다른 의사들도 엉거주춤 같이 일어섰다.

"많이 배우신 분이시니 아시는 변호사님께 자문을 구해보세요. 인테리어를 뜯어가도 되는지… 정확한 답변을 들으실 겁니다."

뒤돌아서는 의사 등에 대고 말하는 내 말이 채 끝나기도 전에 쾅 하고 문이 닫히는 소리가 들렸다.

며칠이 지났다. 호탕하게 생긴 젊은 의사가 협상대표로 선임되어 나와 마주 앉게 되었다.

"가전제품 등 비품 비용으로 5,000만 원을 주시면 협상에 응하겠습니다."

며칠 전까지 대표원장이 2억 원 운운하며 다 떼어간다고 큰소리 쳤는데 그 말을 쏙 빠지고 비품 운운하며 5,000만 원을 말하는 걸 보니 변호사에게 알아보긴 했나 보다.

"중고가격으로 치면 1,000만 원도 안 됩니다."

5,000만 원을 운운하는 것을 보고 협상이 순조롭게 진행될 것을 예감했지만 내 의지대로 밀고 나갔다. 협상이란 상대방이 힘들게 쟁취했다는 느낌을 줘야 더 이상 무리한 요구를 하지 않기에 나도 우선 가격을 낮췄다. 특히 협상 금액은 중간지점에서 타결될 가능성이 높으므로 내 입장에서는 우선 최대로 낮춰놓아야 한다.

"5,000만 원 이하는 절대 안 된다는 대표원장님 말씀이 있었습니다."

젊의 의사가 대표원장 얘길 꺼내는 걸 보니 이미 지령을 하달받고 온 모양이다. 그렇게 일방적으로 진행할 것이면 나도 더 이상 협상의 의지가 없다는 뜻을 피력했다. 비품은 나도 필요 없으니 싹 가져가라며 말이다.

서로 밀고 당기기가 몇 차례 오가다 2,500만 원에 합의를 끝냈다. 비품 목록을 작성했고 의료 기구를 제외한 모든 집기는 인수함을 서명했다. 간호사나 다른 의사들이 물건을 빼가지 못하도록 잠금장치를 마련했다.

명도를 마친 후 제주 시내 부동산 하는 여성 중개업자들에게 연락을 해서 산후조리원에 오시라 했다. 산후조리원을 게스트하우스로 임대한다고 하자 거의 모든 중개업자가 시큰둥한 반응을 보였다. 자신 없다는 것이다.

"아니 사장님, 지금 제정신이십니까? 산후조리원을 어떻게 게스트하우스나 원룸으로 세를 내라는 겁니까? 저는 가겠습니다."

게스트하우스가 말이나 되냐는 듯 황당하다는 표정을 지으며 쌩하고 가버린 연동의 한 중개업자도 있다.

그 당시 제주에는 게스트하우스가 그리 많지 않았다. 중개업자분들은 산후조리원을 게스트하우스로 하기엔 맞지 않다고 말했으나 내 생각은 달랐다. 역발상 그 자체였기에 두고 보면 내 말이 맞게 될 것이라 확신했다.

'따르릉… 따르릉.'
"네, 여보세요."
"사장님, 6, 7층을 게스트하우스로 하고 싶다는 고객이 계십니다. 보증금 1억 원/월 700만 원을 말씀하셨는데 월세를 600만 원으로 깎아주시면 계약을 하시겠다고 하시네요. 어떠세요?"

바로 일주일 전, 황당하다는 표정을 지으며 쌩하고 가버린 연동의 중개업자의 전화였다.
나는 고객과 당장 만나자는 말을 하며 부동산 사무실로 향해 보증금 1억 원/월 600만 원, 5년 계약으로 체결했다.

낙찰가의 90%를 대출받았고 임차인의 보증금 1억 원이 들어와서 결과적으로 내 돈이 한 푼도 안 들어가는 무피 투자가 되어 수익률 1,000%를 기록했다. 더군다나 올해 만기가 되어 세입자와 임대료를 월 700만 원으로 상향·재계약해서 수익률이 더욱 늘어났다.

명도는 협상이다

점유자와의 만남에서 으레 나오는 말이 있다.

"이사비 얼마 줄 겁니까?"

돈 맡겨놨냐고 직설적으로 말하고 싶지만, 좋은 게 좋은 거라고 나름 논리적으로 설득을 시킨다. 보통은 자신의 상황을 말하며 인정에 기대는 얘기를 하지만, 일부는 공격적으로 말하는 사람도 있다. 여기 시설물은 본인이 해 놓은 것이기 때문에 전부 떼어가겠다 또는 부숴놓고 나간다고 으름장을 논다. 이는 일부는 맞고 일부는 틀린 말이다. 시설한 것은 임차인이 맞지만, 낙찰 이후 시설물을 떼어가는 것은 불법행위다.

특히 상가 명도할 때 이런 경우가 많이 생기는데, 사실 낙찰자 입장에서 법리적인 해석을 떠나 이 말처럼 무서운 것이 없다. 새로운 많은 문제들이 발생되기 때문이다. 일반 매매로 상가를 거래할 때는 시설권리금에 대한 비용을 받을 수 있지만, 경매의 경우 낙찰자에게 이런 주장을 할 수 없다. 이런 부분을 알고 공격적인 말을 하는 점유자들은 대부분 막무가내인 사람들이 많은데, 좀 더 냉철하고 좀 더 실익을 얻을 수 있는 방법이 뭔지를 잘못 알고 있는 경우다. 이런 사람들과 말싸움 길게 해봐야 득 될 것이 없다.

부합물

"내 돈 들여 해놓은 인테리어니 다 뜯어갈 것이니 그리 아세요."

낙찰자를 위협할 때 임차인이 가장 흔히 쓰이는 말이다. 임차인이 돈을 들여 시설해놓은 것이기에 어떻게 들으면 그 사람들의 말이 맞는 것 같기도 하지만, 이를 훼손하면 명백히 형법상 재물손괴죄에 해당된다.

이럴 경우 먼저 그 시설물들이 경매가 진행되면서 권리관계가 어떻게 변했는지를 우선 설명해줘야 한다.

부동산의 부합물이란 본래의 부동산과는 별개의 물건이지만, 부동산에 결합해 거래관념상 부동산과 하나의 물건이 됨으로써 부동산 소유자에게 귀속되는 물건을 말한다. 이런 부합물은 부동산 뿐 아니라 동산도 포함된다. 일반적으로 부합의 기준을 판단하는 기준은 다음과 같다.

1. 훼손하지 않으면 분리할 수 없는 경우
2. 분리에 과다한 비용을 요하는 경우
3. 분리할 경우 경제적 가치가 심하게 감손되는 경우

민법상의 부합물과 종물에 대한 설명과 대금납부와 동시에 시설물에 대한 소유권까지 낙찰자에게 이전되었기 때문에, 명도협상을 하는 시점에서 시설물을 파손시키는 행위는 낙찰자의 재산을 손괴시키는 행위가 되므로 형법상의 재물손괴죄(형법 제366조)와 민법상의 손해배상 책임(민법 제750조)까지 있음을 주지시킨다.

판례와 법 조항을 연계해 설명하면 훨씬 설득력이 있다.
어떻게 보면 임차인들의 경우 법률관계에 대한 변동을 모르기 때문에 발생되는 문제이기도 하다. 하지만 현장에서 이러한 권리관계에 대한 부분을 얘기해도 돌아서면 점유자들은 잊어버린다. 따라서 내용증명을 작성하고 관련 법규나 판례를 첨부해서 보내면 그 다음 방문 시 많이 누그러져 있는 경우가 많다.

> **대법원 84도1549**
> **건물의 임차인이 그 권원에 의해 벽, 천정에 부착시킨 석재. 합판 등의 소유권 귀속**
>
> 건물의 내부벽에 붙인 은파석이나 그 내부천정에 부착된 합판은 사회관념상 건물의 일부 구성부분을 이루고 있고 이들을 기존건물과 분리해서는 경제상 독립물로서의 효용을 갖지 못한다고 볼 수밖에 없으므로 비록 이들을 건물의 임차인이 그 권원에 의해 건물에 부속시킨 것이라 하더라도 이들은 위 부착과 동시에 건물에 부합되어 건물 소유자의 소유에 귀속되었다 할 것이다.

38
스케일링하러 왔습니다. 굴러들어온 대박 물건

"어서 오세요, 어디가 불편해서 오셨어요?"

"스케일링하러 왔습니다."

"네, 이쪽으로 와서 의자에 앉으세요."

간호사를 따라 진료실로 들어가는 동안 위·아래·양 옆을 살피느라 내 눈이 바쁘다.

4층에 위치한 건물이 경매에 나왔다. 앞서 낙찰받은 6, 7층 산후조리원과 같은 빌딩의 4층이 경매에 나온 것이다.

현재 치과병원으로 이용 중이라 환자로 위장하고 내부를 살피러 간 것이다.

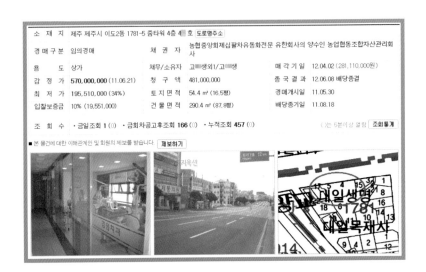

소 재 지	제주 제주시 이도2동 1781-5 줌타워 4층 4█호 도로명주소		
경 매 구 분	임의경매	채 권 자	농협중앙회제십팔차유동화전문 유한회사의 양수인 농업협동조합자산관리회사
용 도	상가	채무/소유자	고█생외1/고█생	매 각 기 일	12.04.02 (281,110,000원)
감 정 가	570,000,000 (11.06.21)	청 구 액	481,000,000	종 국 결 과	12.06.08 배당종결
최 저 가	195,510,000 (34%)	토 지 면 적	54.4 ㎡ (16.5평)	경매개시일	11.05.30
입찰보증금	10% (19,551,000)	건 물 면 적	290.4 ㎡ (87.8평)	배당종기일	11.08.18

조 회 수 ·금일조회 1 (0) ·금회차공고후조회 166 (0) ·누적조회 457 (0) ( )는 5분이상 열람 조회통계

■ 본 물건에 대한 이해관계인 및 회원의 제보를 받습니다. 제보하기

"아~~ 아~~~~~~ 아니, 지금 이빨을 뽑을 거예요?"

내부구조를 살피러 생각지도 않은 스케일링을 하러 치과에 방문했는데 이것은 아파도 너무 아프다. 원장선생님을 불러달란 내 말에도 간호사는 시큰둥하다. 내가 엄살떠는 환자로 보였나 보다. 아프다고 호소하는 내 목소리가 밖까지 들렸는지, 어느새 원장님이 오셨다. 건장한 체격의 원장님은 비교적 부드럽게 스케일링을 해주었다. 스케일링을 받고 대기실로 나오는 동안 이곳 저곳을 살펴보았다.

매각 물건명세서에 치과원장(임차인)이 3억 원을 들여 인테리어를 했다는 진술이 기록되어 있었는데 역시 큰 비용을 들여서 그런지 내부가 호화로웠다.

바닥부터 온통 대리석으로 치장되어 있었다. 실제 치과원장은 인테리어 비용을 들어 유치권을 주장하고 있었다.

전부 진료실, 치료실, 원장실, 간호사실로 구성해 따로 방은 없었다. 공동 화장실은 밖에 있었고 원장실에 화장실 1개가 있었다.

치과의사가 법원에 나타나다

앗, 치과의사와 부인이다.

입찰하러 간 법원에서 치과의사와 부인을 보았다. 저번 스케일링을 받은 덕에 얼굴을 기억하는데, 아마 이분들도 직접 입찰을 하러 온 듯했다. 경쟁자가 생겼으니 입찰가 산정에 신중을 기했다.

5억 7,000만 원의 감정가는 3번의 유찰을 거치며 1억 9,500만 원까지 떨어져 있었다. 이에 나는 2억 4,000만 원으로 기존 산후조리원보다 낮은 가격으로 입찰했다. 치과는 방이 없었고 원장실의 화장실을 제외하고는 공용화장실이 전부라서 방을 만들고 화장실을 만들려면 많은 비용이 소요될 듯 싶었다.

개찰 결과, 총 7명의 응찰자에 나는 3등을 했다. 1등 금액은 2억 5,000만 원의 금액이었고, 치과의사는 1억 9,500만 원의 최저가를 적어 꼴등을 했다. 아마 본인이 유치권을 주장하고 있어 응찰자가 없을 것으로 생각한 모양이다. 속으로 치과의사를 바보 같다고 생각했고, 나 또한 떨어졌으니 잊기로 했다.

낙찰자에게 전화가 오다

2개월의 시간이 흘렀다.
'따르릉… 따르릉….'

"네, 여보세요."
"강신홍 사장님 맞으시죠?"
"네, 그런데요, 누구시죠?"

낯선 이의 전화다.
남자는 자신을 4층 치과를 낙찰받은 사람이라고 소개했다.

"저, 이 물건 낙찰받았는데, 거리가 멀어 이래저래 골치 아픕니다. 선생님께서 가져가세요."

아니, 이게 무슨 말인가? 낙찰자는 나에게 물건을 가져가라며 김제수협에서 90%의 대출을 받았으니 승계하라고 한다. 나는 만나서 얘기하자고 했고, 일산에 사는 남자는 비행기를 타고 제주도에 도착, 커피숍에 마주앉았다.

"제가 모두 들어간 비용이 2억 6,000만 원입니다. 여기에 1,000만 원만 더 주세요."

"아니, 낙찰가에 가져가라고 해놓고 앉은자리에서 1,000만 원을 더 달라고 하는 게 어딨나요?"

나는 자리에서 벌떡 일어나 뒤돌아 나왔다.

집으로 돌아와 곰곰이 생각해보니 남자의 제안이 나쁘지만은 않았다. 낙찰가에 사가라는 말에 나갔는데 1,000만 원을 더 올린 것은 기분 나빴지만, 냉정히 따져보았을 때 2억 7,000만 원에 매입해도 잘 사는 가격이었다. 나는 남자에게 전화를 걸어 그 가격에 사겠다고 말했다.

현장을 가보니 이미 명도는 끝나 치과는 비어 있었다.

기존 낙찰자는 거리가 멀고 세가 잘 안 나가자 내게 전화를 해서 판 모양이다. 나는 처음부터 상가로 임대할 생각이 아닌 게스트하우스를 염두하고 있었고, 그간의 경험을 바탕으로 충분히 승산이 있다고 판단했다.

곧 목수를 불러 진료실, 치료실 등을 칸막이로 막아 객실로 만들며 인테리어를 시작했고, 화장실은 남, 여 각각 2개씩 추가로 만들었다. 인테리어 비용에 총 3,000만 원이 소요됐다.

완공 후 임대를 내놓기 무섭게 보증금 5,000만 원/월 350만 원에 임대가 되었다. 90%의 대출을 승계했기에 10%의 자본은 보증금을 받아 이미 충당되었다.

즉, 무피 투자로 6년째 월 350만 원씩 받고 있어 내게 로또 같은 물건이다.

인생은 우연의 연속

4층을 보유한지 몇 년이 흘렀다. 어느 날 교회에 다녀온 아내가 한마디 한다.

"여보, 그 4층 건물이 글쎄 내 친구 김영옥(가명)의 남편이 치과했던 건물이에요."
"그게 무슨 말이에요? 그 치과의사 부인이 당신 친구였어요? 이제껏 그런 말 없었잖아요?"
"원래 아는 사이는 아니었고 교회에서 만난 친구예요."

아내의 얘길 들어보니 이렇다.

우리 부부는 이사를 하며 얼마 전 교회를 옮겼는데, 이 새로운 교회에서 부인들끼리 친해진 모양이다. 알고 보니 이 교회는 치과부부가 이미 다니던 교회였다. 서로 일면식이 없던 아내는 취미로 미술반에서 그림을 그리다 우연히 부인을 알게 되어 절친으로 발전했다고 한다. 얘길 나누는 중에 부인이 예전에 ○○빌딩 4층에서 치과를 운영했다는 말을 하게 되고, 이 말을 들은 아내는 바로 그 건물이 우리 소유인 것을 알았다고 했다. 치과의사는 다른 건물로 이주해 현재 성업 중이라는 정보도 들렸다.

인생은 참 우연의 연속이다.

39

반지하 주택에 꾸준히 도전하다

1.

제주도에 와서도 주택에 꾸준히 도전했다.

감정가 4,200만 원인 4층에 위치한 빌라가 2번의 유찰을 거쳐

2,058만 원의 최저가로 나왔다. 24,444,400원으로 5명의 경쟁자를 물리치고 낙찰받았다. 최초로 서귀포 물건(빌라)에 낙찰된 사례다. 도배, 장판 후 경찰관 숙소로 쉽게 임대되었다. 85%의 대출을 받았으며 500만 원/월 30의 보증금을 받아 내 자본 없이 마련한 집이다. 현재 1억 원의 매매가가 형성되었다.

2.

제주 한림읍에 빌라 3층이 70,000,000만 원의 감정가에 경매에 등장, 2번의 유찰을 거쳐 34,300,000원 최저가가 형성되어 있었다. 단독입찰로 35,444,400원에 낙찰받아 보증금 1,000만 원/월 40만 원에 임대해 역시 내 자본이 들어가지 않았다. 현재는 근저당 2,500만 원 있는 상태에서 전세 5,000만 원에 임대 중이다. 매매가는 1억 원이 넘는 상태다.

3.

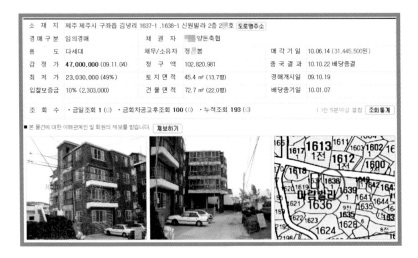

소 재 지	제주 제주시 구좌읍 김녕리 1637-1 ,1638-1 신원빌라 2층 2 호 도로명주소			
경 매 구 분	임의경매	채 권 자	▇양돈축협	
용 도	다세대	채무/소유자	정 봉	매 각 기 일 10.06.14 (31,445,500원)
감 정 가	**47,000,000** (09.11.04)	청 구 액	102,820,981	종 국 결 과 10.10.22 배당종결
최 저 가	23,030,000 (49%)	토 지 면 적	45.4 ㎡ (13.7평)	경매개시일 09.10.19
입찰보증금	10% (2,303,000)	건 물 면 적	72.7 ㎡ (22.0평)	배당종기일 10.01.07
조 회 수	·금일조회 1 (0) ·금회차공고후조회 100 (0) ·누적조회 193 (0)			( )는 5분이상 열람 조회통계

■ 본 물건에 대한 이해관계인 및 회원의 제보를 받습니다. 제보하기

구좌읍 김녕리의 2층에 위치한 빌라다.

7명의 경쟁자 중 44만 원의 근소한 차이로 낙찰되어 수리 후 보증금 1,000만 원/월 30만 원 임대되었고 현재 1억 원을 호가하고 있는 상태다.

4.

조천읍 신촌리 반지하가 경매에 나왔다. 제주도의 지리적 특성상 반지하 빌라가 드문 편이라 경매에 잘 나오지 않는다. 오랜만에 나의 주특기 반지하를 발견, 입찰해서 3명의 경쟁자를 물리치고 10,000,001원에 낙찰받았다.

700만 원의 대출을 받은 후 보증금 700만 원에 월세 15만 원 받고 세를 주어 역시 무피 투자다.

소 재 지	제주 제주시 조천읍 신촌리 24█-1█.-█ 신촌수목빌라 지하1층 B█호	도로명주소		
경매구분	임의경매	채 권 자	제주시█████협동조합	
용 도	다세대	채무/소유자	강█수/강█훈	매각기일 11.03.21 (10,000,001원)
감 정 가	27,000,000 (10.06.18)	청 구 액	137,166,652	종국결과 11.05.20 배당종결
최 저 가	9,261,000 (34%)	토지면적	19.6 ㎡ (5.9평)	경매개시일 10.06.03
입찰보증금	10% (926,100)	건물면적	36.3 ㎡ (11.0평)	배당종기일 10.08.23
주의사항	·재매각물건 특수件분석신청			
조 회 수	·금일조회 1 (0) ·금회차공고후조회 66 (0) ·누적조회 233 (0)		( )는 5분이상 열람	조회통계

■ 본 물건에 대한 이해관계인 및 회원의 제보를 받습니다. **제보하기**

현재 전세 5,000만 원에 임대하고 있으며 매매가 1억 원을 호가
하고 있어 수익률 최고인 물건이다.

5.

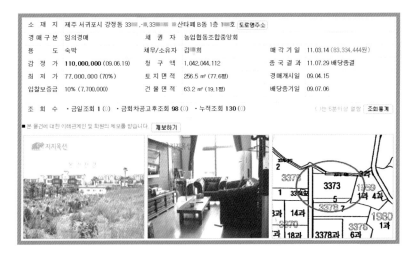

소 재 지	제주 서귀포시 강정동 33█.-█,33█████ 산타페 B동 1층 1██호	도로명주소		
경매구분	임의경매	채 권 자	농업협동조합중앙회	
용 도	숙박	채무/소유자	김█희	매각기일 11.03.14 (83,334,444원)
감 정 가	110,000,000 (09.06.19)	청 구 액	1,042,044,112	종국결과 11.07.29 배당종결
최 저 가	77,000,000 (70%)	토지면적	256.5 ㎡ (77.6평)	경매개시일 09.04.15
입찰보증금	10% (7,700,000)	건물면적	63.2 ㎡ (19.1평)	배당종기일 09.07.06
조 회 수	·금일조회 1 (0) ·금회차공고후조회 98 (0) ·누적조회 130 (0)		( )는 5분이상 열람	조회통계

■ 본 물건에 대한 이해관계인 및 회원의 제보를 받습니다. **제보하기**

서귀포시 강정동의 빌라가 무더기로 경매에 나왔다. 가족, 친지들 명의로 총 12개 접수, 그중 6개를 낙찰받았다. 8,300만 원에 낙찰받은 빌라가 6년 만에 2억 원을 호가하고 있다.

강정 해군기지 근처로서 최고의 정원이 구비되어 있고 관리가 잘되고 있다.

현재 보증금 5,000만 원/월 40만 원에 임대 중이다.

6.

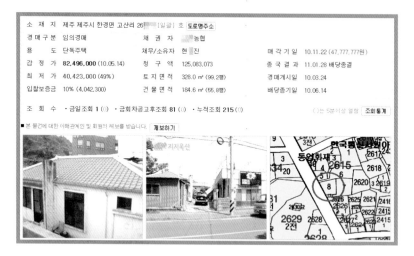

소 재 지	제주 제주시 한경면 고산리 26 [일괄] 호 도로명주소			
경 매 구 분	임의경매	채 권 자	농협	
용 도	단독주택	채무/소유자	현 진	매 각 기 일 10.11.22 (47,777,777원)
감 정 가	82,496,000 (10.05.14)	청 구 액	125,083,073	종 국 결 과 11.01.28 배당종결
최 저 가	40,423,000 (49%)	토지면적	328.0 ㎡ (99.2평)	경매개시일 10.03.24
입찰보증금	10% (4,042,300)	건물면적	184.6 ㎡ (55.8평)	배당종기일 10.06.14

조 회 수   ·금일조회 1 (0)   ·금회차공고후조회 81 (0)   ·누적조회 215 (0)   ( )는 5분이상 열람 조회통계

■ 본 물건에 대한 이해관계인 및 회원의 제보를 받습니다. 제보하기

대지 99평, 건물 55.8평으로 감정가 8,200만 원의 단독주택을 4,700만 원에 낙찰받았다. 동생과 공동입찰한 물건으로 총 4명의 입찰자가 경합을 벌였고, 2등과 100만 원도 안 되는 가격 차이였다.

방 3개인 안채, 원룸 2개로 구성된 바깥채가 있는 구조다. 깨끗

이 청소를 마친 후 안채 40만 원, 바깥채는 원룸 1개당 25만 원씩
해서 50만 원, 즉 총 90만 원의 임대수익을 받았다.

현재 매매가는 대지가 평당 300만 원에 거래된다. 즉, 땅값만 3억
원이며 건물 값을 합하면 3억 5,000만 원을 호가한다.

대출이 추가로 이뤄져 투자금은 전액 회수되었으며, 내년쯤 추
가대출을 추진하려고 고려 중이다.

7.

7인이 공동입찰했다.

13억 6,000여 만 원의 감정가가 3회 유찰을 거치며 4억 6,000만
원으로 떨어져 있었다. 단독주택 3채로 이뤄진 건물로 객실이 9개
다. 대지 900평, 건평 380평이다. 향후 미래가치가 충분히 오를 것

을 예상하고 5억 원을 적어냈으나, 결과는 단독입찰이었다.

낙찰 후 건설인부 숙소로 계약되어 객실 9개가 순식간에 동났다. 지속적으로 가격이 상승해 20억 원에 팔 예정이다.

8.

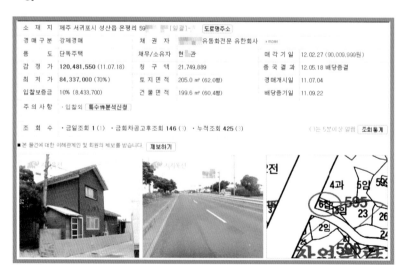

소 재 지	제주 서귀포시 성산읍 온평리 59█████ [일괄] ~ 도로명주소			
경매구분	강제경매	채 권 자	████유동화전문 유한회사 ★ 관련사건	
용 도	단독주택	채무/소유자	현 관	매각기일 12.02.27 (90,009,999원)
감 정 가	120,481,550 (11.07.18)	청 구 액	21,749,889	종국결과 12.05.18 배당종결
최 저 가	84,337,000 (70%)	토지면적	205.0 m² (62.0평)	경매개시일 11.07.04
입찰보증금	10% (8,433,700)	건물면적	199.6 m² (60.4평)	배당종기일 11.09.22
주의사항	·입찰외 특수件분석신청			
조 회 수	·금일조회 1 (1) ·금회차공고후조회 146 (3) ·누적조회 425 (3)			( )는 5분이상 열람 조회통계

■ 본 물건에 대한 이해관계인 및 회원의 제보를 받습니다 제보하기

걸어서 5분 거리에 있는 바닷가 드라이브 코스

이 물건은 끝자리를 어떻게 쓰느냐가 얼마나 중요한지 알려주는 물건이다.

총 2명이 입찰한 물건이었는데, 필자가 90,009,999원, 2등이 90,002,000원으로 7,999원 차이, 즉 1만 원도 안 되는 가격차이로 낙찰되었다. 6,000만 원 대출을 받았고 현재 보증금 5,000만 원/월 90만 원에 임대 중으로 투자금은 이미 회수한 지 오래다.

2015년 제주 신공항이 성산읍 온평리로 확정되어 지금은 가격이 몇 배 뛴 상태다. 걸어서 5분 거리에 온평리 바닷가가 있어 막 잡은 해산물은 저렴하게 먹을 수 있는 음식점이 많다. 특히 바닷가 드라이브 코스가 환상이다.

9.

소 재 지	제주 서귀포시 서귀동 251-1 ,-17,-39 선경 6층 6■호 (63590) 제주 서귀포시 중정로 123					
경 매 구 분	강제경매	채 권 자	최■현		
용 도	오피스텔	채무/소유자	서■오	매 각 기 일	13.05.06 (41,778,889원)
감 정 가	85,000,000 (12.05.03)	청 구 액	71,235,017	종 국 결 과	13.07.12 배당종결
최 저 가	41,650,000 (49%)	토 지 면 적	12.5 ㎡ (3.8평)	경매개시일	12.04.06
입찰보증금	10% (4,165,000)	건 물 면 적	72.0 ㎡ (21.8평)	배당종기일	12.07.02
주 의 사 항	• 재매각물건 특수特분석신청				
조 회 수	• 금일조회 1 (0) • 금회차공고후조회 90 (1) • 누적조회 320 (2)			( )는 5분이상 열람	조회통계

■ 본 물건에 대한 이해관계인 및 회원의 제보를 받습니다. 제보하기

제주 최초로 오피스텔을 낙찰받은 물건으로 2013년 2월 4일 5,060만 원에 낙찰되었으나, 재경매로 나와서 필자가 4,100만 원에 낙찰받아 보증금 1,000만 원/월 40만에 임대했다.

방 3개로 구비되어 있는 이 오피스텔은 멋진 조망을 자랑하고 있어 한 때 게스트하우스로 운영되었다. 현재 1억 원의 매매가를 호가하고 있다.

10.

처남과 같이 공동입찰한 물건이다. 대지 200평, 건물 87평으로 총 3층이다. 이 건물은 원 소유자가 동업자와 함께 통나무집 2채를 지었으나 동업자가 부도나며 경매로 나온 물건이었다.

소 재 지	제주 제주시 애월읍 광령리 24█	**도로명주소**	
경 매 구 분	임의경매	채 권 자	농협은행주의 양수인 우리에프앤아이제26차유동화전문회사
용 도	단독주택	채무/소유자	김█봉
감 정 가	266,958,600 (12.04.24)	청 구 액	239,224,341
최 저 가	266,958,600 (100%)	토 지 면 적	662.0 ㎡ (200.3평)
입찰보증금	10% (26,695,860)	건 물 면 적	289.4 ㎡ (87.5평)

매 각 기 일: 12.12.10 (266,999,888원)
총 국 결 과: 13.02.01 배당종결
경매개시일: 12.04.12
배당종기일: 12.07.02

주 의 사 항 ·입찰외 **특수件분석신청**

조 회 수 · 금일조회 1 (0) · 금회차공고후조회 539 (1) · 누적조회 598 (1)

낙찰받은 후 방 6개를 추가해 원룸으로 개조해 현재 게스트하우스로 성업 중이다. 보증금 1억 원/월 180만 원에 임대중이다. 현재 매매가 5억 원을 호가하는 물건이다.

현재 임차인이 게스트하우스로 운영 중이다.

11.

소 재 지	제주 제주시 애월읍 광령리 2985-1 █████ [일괄]█████			
	(63062) 제주 제주시 애월읍 하광로 505			
경 매 구 분	임의경매	채 권 자	파산자 한국저축은행주의 파산관재인 예금보험공사	
용 도	숙박	채무/소유자	(주)█	매 각 기 일	13.11.25 (1,617,778,889원)
감 정 가	2,010,611,600 (13.04.15)	청 구 액	1,000,000,000	종 국 결 과	14.02.07 배당종결
최 저 가	1,407,428,000 (70%)	토 지 면 적	1,736.0 ㎡ (525.1평)	경매개시일	13.04.05
입찰보증금	10% (140,742,800)	건 물 면 적	1,871.2 ㎡ (566.0평)	배당종기일	13.06.27
주 의 사 항	·입찰외 **특수特殊분석신청**			
조 회 수	·금일조회 1 (0) ·금회차공고후조회 426 (12) ·누적조회 951 (156)			( )는 5분이상 열람 **조회통계**

■ 본 물건에 대한 이해관계인 및 회원의 제보를 받습니다. **제보하기**

지분을 1/10로 나눈 후 투자한 자본 대비 지분을 배분해 7명이 공동으로 투자했다.

감정가 20억 원 펜션이 1회 유찰된 후 입찰해 16억 원에 낙찰받았다. 최저가 14억 원에 나온 물건으로 평화로(공룡랜드) 근처에 위치하고 제주 중심가(노형노타리)에서 3km 밖에 안 떨어져 있어 과감히 2억을 높여 썼으나 결과는 단독입찰이었다.

낙찰가의 80%를 대출받았으며 임차인이 펜션을 운영 중이다.

현재 보증금 1억 원/월 1,000만 원에 임대 중이며 평화로 부근 땅값이 많이 오르고 있어 약 5년 후 매매 추진할 예정이다.

현재 임차인이 펜션을 운영 중이다.

12.

소 재 지	제주 서귀포시 성산읍 신산리 1182 ,1183-1 신산 B동 2층 2██호		
	(63634) 제주 서귀포시 성산읍 일주동로		
경 매 구 분	강제경매	채 권 자	유██미
용 도	연립	채무/소유자	유██호	매 각 기 일	15.11.30 납부
감 정 가	89,000,000 (14.12.09)	청 구 액	50,000,000	종 국 결 과	16.01.08 배당종결
최 저 가	89,000,000 (100%)	토 지 면 적	109.6 ㎡ (33.2평)	경매개시일	14.11.06
입찰보증금	10%~30% (확인요망)	건 물 면 적	60.5 ㎡ (18.3평)	배당종기일	15.02.02
주 의 사 항	·재매각물건 [특수件분석신청]		
조 회 수	·금일조회 1 (0) ·금회차공고후조회 214 (21) ·누적조회 643 (65)		

( )는 5분이상 열람 [조회통계]

■ 본 물건에 대한 이해관계인 및 회원의 제보를 받습니다. [제보하기]

신산리 일주도로변 연립주택 중 1채가 경매로 나온 물건이다. 펜션처럼 아름다운 전경인 이 물건은 2015년 6월 8일 9,300만 원에 낙찰되었으나 포기해 재경매 나온 것을 본인이 8,900만 원에 단독 입찰해서 낙찰받았다. 보증금 500만 원/월 60만 원에 임대 중이다.

낙찰받은 후 얼마 지나지 않아 제주 2신공항 후보지로 발표되어 지가와 건물 값이 수직 상승했으며 바닷가까지 걸어서 10분으로 위치가 아주 좋다.

13.

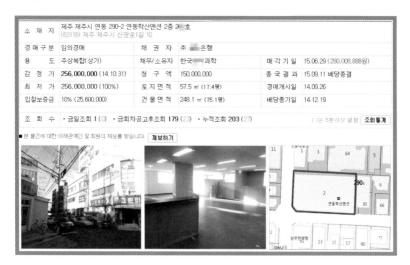

처음으로 상가에 투자한 물건이다.

제주시 연동 중심가 위치 주상복합 건물 중 2층 상가가 경매에 나왔다. 실 평수 75평으로 감정가 2억 5,600만 원이었다. 충분히 승산이 있다고 판단되어 2,500만 원을 높여 신건에 과감히 입찰했다. 응찰자 총 2명 중 본인이 2억 8,000만 원에 낙찰되어 현재 교회에 임대 중이다. 보증금 2,000만 원/월 150만 원에 임대되었다.

경매 감정 시 대지가 평당 330만 원으로 대지감정이 약 5,500만 원, 건물감정이 2억 1,000만 원의 비율이었다. 현재 지가 상승으로 대지가 평당 1,500만 원에 육박해 대지 값만 2억 5,500만 원인 셈이 되어 2억 원이 넘는 건물을 공짜로 얻은 셈이 되었다. 또한 앞으로 연동 주거지역도 더 오를 것이라 판단한다.

약 5년 후, 연동중심가가 평당 2,000~3,000만 원 할 때가 매매의 적기라 생각한다.

남이 포기한 물건,
1,600% 수익률을 기록하다

제주도에서 토지를 낙찰받아 최고로 고공행진 중인 물건이다. 감정가 4억 3000만 원, 최저가 1억 5,442만 원에 나왔다. 2009년 8월 13일 장 모 씨가 1억 9,185만 원에 낙찰되었으나, 포기한 물건이다. 포기한 이유는 알 수 없으나, 내 생각으로는 충분한 가치가 있는 물건이었다. 8명의 공동명의로 입찰하기로 하고 법원에 도착해 4명의 경쟁자를 물리치고 155,555,577원에 낙찰받았다. 신협에서 80%인 1억 2,000만 원을 대출받았고, 실 60평의 창고를 보증금 500만 원에 월세 50만 원에 임대했다.

이 후 토지 값이 상승하자 농협은행(1금융권)에서 2억 6,000만 원의 대출을 받아 신협의 대출을 대환하고도 남았다. 그 후 토지 값이 또 오르자 추가로 7억 6,000만 원의 대출이 가능하다는 농협

소 재 지 　제주 서귀포시 안덕면 사계리 32▓▓,32▓▓ [일괄]32▓▓,-4,-3,-1,외2건 **도로명주소**

경 매 구 분	임의경매	채 권 자	㈜ ▓▓금융지원센타		
용 　 도	기타부동산	채무/소유자	이▓열	매 각 기 일	10.12.14 (155,557,777원)
감 정 가	431,418,000 (09.01.30)	청 구 액	42,544,000	종 국 결 과	11.03.11 배당종결
최 저 가	103,584,000 (24%)	토 지 면 적	6,382.0 ㎡ (1,930.6평)	경매개시일	08.12.09
입찰보증금	10% (10,358,400)	건 물 면 적	192.0 ㎡ (58.1평)	배당종기일	09.02.27

주 의 사 항 　·재매각물건 ·법정지상권 ·일부맹지 ·입찰외 **특수件분석신청**

조 회 수 　·금일조회 1 (0) ·금회차공고후조회 177 (0) ·누적조회 964 (0) 　　( )는 5분이상 열람 **조회통계**

■ 본 물건에 대한 이해관계인 및 회원의 제보를 받습니다. **제보하기**

의 연락이 와서 대출을 추진 중이다. 은행을 사금융처럼 이용하고
있는 것이다.

　인근 토지인 안덕면 사계리 전이 최근 경매로 평당 120만 원에
낙찰된 사례가 있다.

　필자가 평당 7만 원에 낙찰받았는데 현재 시세인 120만 원으로
환산하면 1,600%가 오른 셈이며, 앞으로 더 오를 가능성이 충분
하다.

전세 만기를 대비하라. 소유자의 안타까운 사연

2009타경 4***(1)~2009타경 4***(12)까지 물건번호를 달리해서 12채의 주택이 한꺼번에 경매에 나온 것으로 이 중 5채가 낙찰된 사건이다. 4,800만 원을 적어 필자 이름으로 1채를 낙찰받고 나머지는 지인과 투자자에게 낙찰받아준 물건이다.

필지가 낙찰받은 해당 주택에는 보증금 3,000만 원/월 8만 원의 후순위 임차인이 거주하고 있었다. 낙찰 후 명도를 위해 5채에 방문해 각각 임차인을 만났다. 명도협상은 원활히 이뤄졌고, 그렇게 시간이 흘렀다.

'따르릉, 따르릉…'
모르는 번호가 휴대전화 화면에 뜬다.

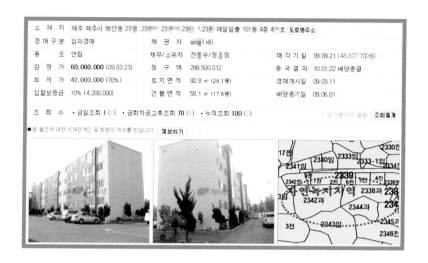

소 재 지	제주 제주시 해안동 23■,23■■■,23■■■,23■■■,23■■ 제일일출 101동 4층 4■호 도로명주소			
경 매 구 분	임의경매	채 권 자	■■■(새)	
용 도	연립	채무/소유자	전■우/정■정	매 각 기 일 09.09.21 (48,877,700원)
감 정 가	60,000,000 (09.03.23)	청 구 액	299,500,012	종 국 결 과 10.01.22 배당종결
최 저 가	42,000,000 (70%)	토 지 면 적	92.8 ㎡ (28.1평)	경매개시일 09.03.11
입찰보증금	10% (4,200,000)	건 물 면 적	58.1 ㎡ (17.6평)	배당종기일 09.06.01

조 회 수 · 금일조회 1 (○) · 금회차공고후조회 70 (○) · 누적조회 100 (○)   (○)는 5분이상 열람 조회통계

■ 본 물건에 대한 이해관계인 및 회원의 제보를 받습니다 제보하기

"여보세요."

"아이고, 해안동 빌라 낙찰자 맞습니까? 선생님, 나 좀 도와주세요."

낙찰 후 1개월쯤 지난 시점이다. 다짜고짜 낙찰자가 맞느냐는 여성의 전화에 어안이 벙벙했다. 임차인과 명도협상이 잘 끝나 나에게 낙찰자인지 확인하며 전화할 사람이 없는데…. 게다가 도와달라는 소리는 또 무엇인가?

"저는 해안동 빌라 집주인이었던 정○정입니다. 선생님, 저 좀 도와주세요."

전 소유자의 전화였다. 전 소유자는 전화기에 대고 그간의 사연을 늘어놓기 시작했는데 요약하면 이렇다.

자기 친구가 제주도에 투자하면 돈이 된다며 투자를 적극 권유했다고 한다. 이에 신축된 이 연립주택을 여러 동 샀다고 했다. 갖고 있는 자금과 20억 원의 은행 대출, 지인에게 돈을 빌리는 등 총 66억 원을 끌어 투자했다고 한다. 이렇게 사들인 연립주택 전부를 임대 놓았다. 대부분 전세계약이었다.

시간이 흘러 2년 만기가 돌아오자 동시다발적으로 전세금 상환의 압박이 들어왔다. 2년 전에 받은 전세금은 이미 빌린 돈을 갚는 데 썼기 때문에 남아 있는 자금이 없었다. 새로운 임차인을 물색해서 그로부터 받은 전세금을 기존 임차인에게 돌려주는 구조로 진행돼야 하는데 60여 채의 주택이 동시에 만기가 돌아오자 임차인 구하는데도 한계가 있었다. 매매하고 싶어도 서둘러 팔리는 것이 아니었다. 하는 수 없이 비싼 이자를 물며 돈을 구해 전세금을 돌려주는 일이 반복되자 급기야 대출받은 이자를 감당할 수가 없는 사태가 왔다. 높은 사채이자를 먼저 갚느라 은행이자를 뒷전으로 미룬 것이다.

3달, 4달… 연체가 이어지자 은행은 근저당권으로 경매를 신청했고 이렇게 경매가 진행되어 필자가 낙찰받은 것이다.

필자에게 전화를 해 하소연하며 도와달라했다. 사정은 딱했지만 이미 경매가 진행되어 낙찰이 되고 잔금납부까지 한 마당에 마땅히 도와줄 방법이 없어 위로의 말씀을 전하며 전화를 끊었다.

전세를 동시에 수십 채 계약을 하면 만기 때를 대비해야 한다는 점을 절실히 깨달았다. 만기 때 여유자금이 없으면 이처럼 파산할 수도 있다는 교훈을 얻은 것이다.

　현재 8년이 흘러 매매가는 1억 3,000만 원에 형성되어 있으며, 현재 전세 7,500만 원에 임대 중이다.

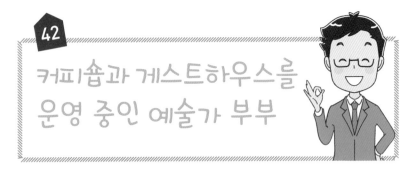

42

커피숍과 게스트하우스를
운영 중인 예술가 부부

서귀포 대정시내의 병원이 경매로 나오자 현장답사를 갔다.

건물의 위치도 좋아 마음에 들었다. 1층 60평은 병원, 2층 60평은 주택으로 사용 중인데 현재 병원이 휴업중이라 문이 잠겨 있었다. 건물이 잠겨 있어 안을 볼 수는 없었지만, 방이 많을 것이라 판단해 과감히 감정가에 그대로 입찰했다. 342,109,380원 감정가에 343,334,447원을 적은 결과 단독입찰이었다.

명도를 마치고 임대를 놓았는데 보증금 2,000만 원/월 250만 원으로 임대되었다. 임대한 후 얼마 지나지 얼마 지나지 않을 때다. 지나는 길에 우연히 들렀는데 마침 요한 스트라우스의 〈봄의 왈츠〉가 크게 흘러나오고 있었다. 내가 클래식을 전공한 만큼 음악소리가 반가웠다. 다가가서 보니, 클래식을 들으며 웬 외국인 아저씨가 더

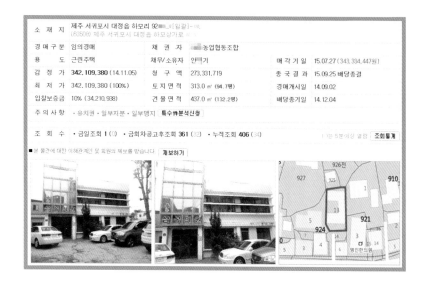

소 재 지	제주 서귀포시 대정읍 하모리 92■■-■[일괄]-■ (63508) 제주 서귀포시 대정읍 하모상가로				
경 매 구 분	임의경매	채 권 자	■■농업협동조합		
용 도	근린주택	채무/소유자	안■기	매 각 기 일	15.07.27 (343,334,447원)
감 정 가	**342,109,380** (14.11.05)	청 구 액	273,331,719	총 국 결 과	15.09.25 배당종결
최 저 가	**342,109,380** (100%)	토 지 면 적	313.0 ㎡ (94.7평)	경매개시일	14.09.02
입찰보증금	10% (34,210,938)	건 물 면 적	437.0 ㎡ (132.2평)	배당종기일	14.12.04
주 의 사 항	· 유치권 · 일부지분 · 일부맹지 **특수特분석신청**				
조 회 수	· 금일조회 1 (0) · 금회차공고후조회 361 (32) · 누적조회 406 (34)			( )는 5분이상 열람	**조회통계**

■ 본 물건에 대한 이해관계인 및 회원의 제보를 받습니다. **제보하기**

위에 땀을 뻘뻘 흘리면서 2층 침대를 만들고 있었고 계약했던 임차
인은 땀을 흘리며 2층 주방을 청소 중이었다.

나는 임차인에게 다가가 외국인이 누구신지 물었고, 남편이라는
답변이 돌아왔다. 남편은 네덜란드 암스테르담에서 살다왔고, 부
인은 홍대 출신임을 이때 알게 되었다.

남편은 인테리어 전문가이며 목수였고, 클래식에 조회가 깊었다.
오케스트라 지휘자라고 나를 소개하자, 남편은 더욱 반가워하며 내
손을 꼭 쥐었다. 클래식에 대한 공통 관심사에 소통이 빨리되어 금
세 친해졌다. 예술가 부부가 열심히 사는 모습이 보기 좋았다.
임차인이 직접 인테리어 해서 방을 15개로 만들고 1층을 커피숍

현재 커피숍과 게스트하우스로 운영 중이다.

으로 개조해서 게스트하우스 겸 커피숍으로 운영 중이다.

　이 물건은 3억 4,000만 원의 낙찰금액 중 대출을 2억 8,000만 원을 받아 수익률이 최고이며 2년 사이 매매차익도 10억 원으로 상승되어 있는 효자 상품이다.

43

부동산 가치를 봐라

나를 포함해 3명이 공동입찰했다.

40년 된 4층 건물로 각 층의 바닥면적은 50평씩이다. 1층 음식

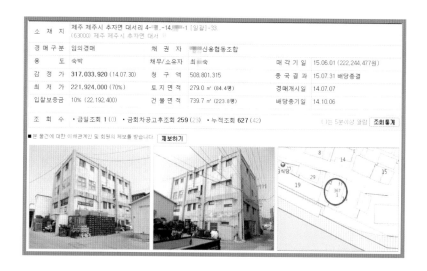

소 재 지	제주 제주시 추자면 대서리 4-▦,-14,▦▦-1 [일괄]-33, (63000) 제주 제주시 추자면 대서 ▦				
경매구분	임의경매	채 권 자	▦▦신용협동조합		
용 도	숙박	채무/소유자	최▦▦숙	매 각 기 일	15.06.01 (222,244,477원)
감 정 가	317,033,920 (14.07.30)	청 구 액	508,801,315	종 국 결 과	15.07.31 배당종결
최 저 가	221,924,000 (70%)	토 지 면 적	279.0 m² (84.4평)	경매개시일	14.07.07
입찰보증금	10% (22,192,400)	건 물 면 적	739.7 m² (223.8평)	배당종기일	14.10.06
조 회 수	• 금일조회 1 (0) • 금회차공고후조회 259 (23) • 누적조회 627 (42)			( )는 5분이상 열람	조회통계

■ 본 물건에 대한 이해관계인 및 회원의 제보를 받습니다 제보하기

옥상에서 바라본 전경

점 창고, 2층 사무실, 3층 노래방, 4층 여인숙 방 10개로 사용했으나, 입찰 당시 대부분 공실로 남아 있었다.

감정가 3억 1,700만 원에 1회 유찰된 상태에서 입찰에 참가했다. 최저가격인 221,924,000원보다 30만 원 정도 높이고 끝자리는 평소 하던 습관대로 적었다.

개찰 결과 2명이 입찰했는데 2등은 정확히 최저가격인 221,924,000원을 적었다. 아마도 허름한 건물 탓에 응찰자가 없을 거라 여기고 단독입찰을 염두해서 적은 금액인 듯하다. 결과적으로 30만 원 차이로 내가 낙찰받게 되었다.

옥상의 바다조망이 환상적인 이곳은 현재 1~4층까지 전 층을 리모델링 추진 중이다.

　아직 추자도(제주시 추자면)가 관광객이 많지 않으나 앞으로 관광지역으로 활성화해서 2개의 올레길과 유람선, 레인을 추진할 예정이라 제주 못지않게 관광객이 들어올 예상이다. 허름하다 못해 낡은 이 건물을 낙찰받은 이유도 다 이렇다.

가격보다 가치를 보라

부동산은 가격보다 가치를 봐야 한다.

많은 사람들이 가치와 가격을 혼동한다. 가치는 그 부동산이 갖고 있는 본질적인 유용성이라고 할 수 있는데, 이는 현재가치와 미래가치를 구분할 수 있다. 가격은 그 부동산이 시장에서 거래되고 있는 시세를 말한다. 부동산의 가격은 그 가치를 반영하는데, 가치는 주관적인 요소가 작용하는 반면에 가격은 현재 시점에서 결정된 객관적인 금액을 말한다.

모든 부동산은 가치와 가격이 다르다. 가격이 가치보다 높게 책정되어 있는 부동산은 고평가되었다고 하고, 가격이 가치보다 낮으면 저평가 되었다고 한다. 당연히 저평가된 매물에 투자해야 보다 적은 가격으로 좀 더 많은 수익을 얻을 수 있다. 또 아무리 가치가 있는 부동산이라고 해도 가격이 그 가치를 충분히 반영하고 있다면 좋은 투자 상품이 될 수 없다.

정상적인 가격이란, 가격만큼의 가치가 반영돼 있는 것이다. 가치가 좋은 물건은 그 가치 이상의 가격을 인정받을 수 있다. 가치가 좋은 물건은 대부분 비싸다. 하지만 가격이 비싸다고 해서 가치도 좋은 건 아니다. 이런 물건의 가격은 정상적인 가격이 아니기 때문에 거품이 끼어 있다고 말한다. 따라서 그 물건의 가격을 볼 것이 아니라 가치를 볼 줄 알아야 한다.

다이아몬드가 고가인 이유

보통 1캐럿(Carat) 다이아몬드 한 개를 생산하기 위해서는 약 250톤의 자갈과 바위를 캐내야 할 만큼 어렵고 힘든 작업을 거쳐야 하기 때문에 그 가치가 더욱 높다. 다이아몬드는 색이 없지만 다른 보석들 중에서 가장 값어치가 높은 보석으로 여겨지고 있다. 그 이유는 다이아몬드의 특성과 역사적인 내용이 합해져 있기 때문이다.

다이아몬드는 다른 돌에는 없는 몇 가지 독특한 점이 있는데, 한 가지 원소인 탄소(C)로만 구성된 유일한 보석광물이면서 지구 구성 물질 중에서 가장 단단한 물질이다. 다이아몬드는 모스 경도 기준으로 10인데, 이는 광물들 중 가장 높은 값으로 다른 돌에서는 발견되지 않는다. 오직 다이아몬드에서만 발견되는 특성인 것이다.

이 때문에 하나의 다이아몬드를 세공하기 위해서는 또 다른 다이아몬드를 사용한다. 다이아몬드가 가진 이런 굳기는 탄소가 강력한 공유결합을 하기 때문에 나타나는 특성이다. 다이아몬드(Diamond)란 이름이 그리스어의 '정복할 수 없다'는 뜻의 아다마스(Adamas)에서 유래된 것도 이 때문이다. 이 돌은 적어도 지하 150km에서 매우 높은 온도와 압력조건으로만 만들어지며, 그 생성시기도 10억 년에서 33억 년 전이라는 매우 오래전에 만들어진 물질이기도 하다.

다이아몬드가 이보다 더한 가치를 띠게 되는 것은 역사적인 부분도 얽혀 있다. 큰 다이아몬드들은 당시의 최고 권력자들인 왕에게 헌상되거나 판매되어 지배자들과 관계를 맺게 된다. 15세기 독일의 왕 막시밀리안 1세가 약혼선물로 다이아몬드를 선물한 것을 시작으로 해서 다이아몬드는 약혼 및 결혼반지의 상징으로도 여겨지고 있다.

이 외에 다이아몬드가 더욱 가치 있게 여겨지는 이유는 과학적인 이유로 인한 '브릴리언트 커트'를 한 가치 때문이다. 브릴리언트 커트를 하면 이 돌이 갖는 높은 굴절률에 의해 입사된 광선은 결정 내에서 분산된다. 그리고 정교하게 계산된 통로를 따라 표면으로 되돌아가면서, 독특하고도 아름다운 광휘를 만들어낸다.

이처럼 여러 실체를 통해 가치를 높이는 다이아몬드는 본질이 갖고 있는 가치와 인간의 욕망이란 가치가 뒤섞인 결정체다.

부동산도 마찬가지다. 인간의 욕망이 같이 뒤섞여야 가치가 올라간다. 부동산(不動産) 즉, 움직여 옮길 수 없는 재산이므로 사람이 찾아와야 좋은 부동산이 된다. 입지가 아무리 좋아도 찾는 사람이 없다면 가치가 높은 부동산이 아니다. 또한 이미 찾는 사람이 넘쳐났을 때 입지를 선택하는 것은 막차 타는 것이다.

따라서 유동인구가 늘어날 곳의 입지를 미리 선점하고 있는 전략이 필요하다. 이런 전략은 꾸준한 발품으로 얻은 임장(현장을 직접 살펴보는 것) 노하우가 그 해답이다.

분묘 선점도 전략이다

이 물건은 임야로서(지분경매, 맹지) 1/8 지분을 낙찰받았다. 분묘 3기가 있는 임야로 2명의 경쟁자를 제치고 평당 5만 원선에 낙찰받았으나 공유자 우선 매수 신청이 들어왔다. 나는 차순위신고를 해두었다. 공유자는 결국 잔금을 치르지 못했고 차순위신고를 해둔 덕에 필자가 낙찰받았다.

제주도는 2016년 약 9,000개의 분묘가 사라졌고, 2017년인 올해도 약 10,000개의 분묘가 이장하거나 화장해서 사라질 거라고 한다. 이런 이유로 제주도 화장률이 전국 1위며 세계적인 관광지 위상에 맞게 제주도에서 분묘 없애기 운동을 벌이고 있다.

전에는 착륙이 가까워질 때 비행기에서 내려다보면 제주도 밭에 분묘가 없는 곳이 없을 정도로 전 제주도 밭에 분묘가 많았다.

소 재 지	제주 제주시 한경면 조수리 33■■ **도로명주소**			
경매구분	강제경매	채 권 자	■■■유동화전문 유한회사	
용 도	임야	채무/소유자	강■■석/강■■석외7	매 각 기 일 16.06.27 (6,195,900원)
감 정 가	8,190,000 (15.08.03)	청 구 액	12,350,900	종 국 결 과 16.11.04 배당종결
최 저 가	5,733,000 (70%)	토지면적	전체 3122 ㎡ 중 지분 390.0 ㎡ (118.0평)	경매개시일 15.07.13
입찰보증금	10% (573,300)	건물면적	0.0 ㎡ (0.0평)	배당종기일 15.10.12
주의사항	·지분매각·맹지·입찰외 **특수件분석신청**			

조 회 수	·금일조회 1 (0) ·금회차공고후조회 68 (6) ·누적조회 183 (14)	( )는 5분이상 열람 **조회통계**

■ **특수권리분석** ※ 이해관계자 제보 등을 반영한 지지옥션의 주관적 분석 의견임

·입찰외

전체 토지중 일부 강창석 지분(8분의1)에 대한 강제경매사건인데, 동소 지상에 `입찰외 분묘(3기)`가 소재하고 있어서 분묘기지권 성립여부가 문제될 수 있습니다. 분묘기지권과 관련하여 마을 이장과 주민, 소유자 등을 만나 언제 설치된 분묘인지, 연고자가 누구인지 탐문조사를 해보는 것이 선행되어야 합니다.
그 결과 분묘기지권 성립여부를 판단(①토지 소유자 승낙을 얻어 설치한 분묘 ②분묘를 설치한 후 20년 경과 ③자기 토지에

분묘를 설치한 후 양도한 경우중 어느 하나에 해당하면 성립)해본 후에 이장(移葬)이나 개장(改葬)을 요구하는 등 장사 등에 관한 법률 27조와 28조에 따라 대응책을 강구하시기 바랍니다.
그 외에 용도지역은 계획관리지역이지만 지적도상 맹지이고, 공유지분 매각사건은 공유물분할청구소송과 분할을 위한 임의경매를 신청하는 것 까지 염두하고 입찰해야 하는데, 이 절차에 소요되는 기간이 최소한 1년 이상입니다. 사후에 분묘처리문제까지 감안했을 때, 입찰은 신중할 필요가 있겠습니다.(16.05.25)

■ 본물건에 대한 이해관계인 및 회원의 제보를 받습니다. **제보하기**

하지만 앞으로 거의 사라질 운명이니 미리 선점해놓은 것도 좋은 전략이라 생각된다.

공유자우선매수권이란?

공유자우선매수청구권이란 공유자(일정한 물건을 공동으로 소유하는 사람)에게 최고가매수신고인의 가격으로 낙찰받을 수 있는 기회를 부여하는 제도다. 공유자는 매각사건이 종료하기 전까지 입찰보증금을 제공하고 최고매수신고가격과 같은 가격으로 채무자의 지분을 우선 매수하겠다는 신고를 할 수 있다.

민사집행법 제 140조에 의하면 공유자우선매수신고는 매각기일까지이므로 매각기일 전에 법원에 미리 공유자우선매수 의사를 밝힐 수도 있고, 해당 매각기일에 최고가매수신고인이 선정되면 매각이 종료되기 전에 공유자가 손을 번쩍 들고 공유자우선매수청구권을 행사하겠다고 말해도 된다.

단, 공유자매수신고 기회는 한 번이므로 매수신청 시점을 신중히 판단하는 것이 좋다. 이미 공유자우선매수를 신청해놓은 경우, 매각 당일 응찰자가 없어 유찰이 되면 최저매각가격으로 공유자에게 낙찰된 효과가 발생하기 때문이다. 따라서 당일에 참석해 개찰 결과를 지켜보며 공유자우선매수 신청 여부를 결정하는 것이 좋다. 이번 회차에 응찰자가 없는 경우 다음 회차에 저감된 가격으로 공유자우선매수를 할 수 있기 때문이다. 하지만 다음 회차에 전차 가격을 넘는 최고가매수인이 나온다면 이 높은 금액으로 공유자매수신고를 해야만 하는 경우가 올 수도 있기에 현명한 판단을 요한다.

공유자우선매수권의 목적

신중히 고심해서 입찰가격을 산정해 낙찰받았는데 공유자가 냉큼 가져간다면 이처럼 허무한 일이 없을 것이다. 최고가매수인 입장에선 다소 억울해 보일수도 있는 공유자 우선매수권. 하지만 이는 또 다른 분쟁을 방지하지 위한 제도의 취지다.

어떤 부동산을 공동으로 매입해 지분권자가 된 사람들은 서로 알고 있는 사이였을 것이고, 이해관계가 동일했을 것이다. 그런데 일부 지분이 이해관계가 다를 가능성이 높은 타인에게 매각될 경우 추후에 지분권자끼리 또 다른 분쟁이 발생할 가능성이 높아진다. 따라서 분쟁을 예방하고자 이해관계가 동일한 다른 공유자에게 해당 물건을 우선 매수할 수 있는 기회를 부여하는 것이다.

이 경우 최고가매수인은 차순위매수신고 여부를 선택할 수 있다.

차순위신고는 뭐지?

차순위신고란 최고가 매수인이 대금납부를 하지 않을 경우 해당 사건의 낙찰의 효과를 본인에게 부여해달라고 신청하는 것으로 일종의 대기자신고라고 할 수 있다.

최고가매수인을 제외한 나머지 입찰자 중 최고가 매수신고액에서 보증금을 공제한 액수보다 높은 가격으로 응찰한 사람은 차순위 매수신고를 할 수 있다. 차순위 매수신고를 하게 되면 최고가 매수인이 매각대금을 납부하기 전까지는 보증금을 반환받지 못한다.

차순위 매수신고는 해당 사건의 매각을 종결하는 시점까지 해야 한다. 즉, '다음으로 개찰할 경매 사건의 사건번호를 호칭하기 전까지'다. 예를 들어 해당사건이 2017타경 12345라면, "2017타경 12345 사건의 매각을 종결하겠습니다"라고 말하기 전에 손을 번쩍 들고 차순위신고를 하겠다고 말해야 하는 것이다.

차순위매수신고 자격

차순위매수신고 자격은 낙찰가격에서 입찰보증금(최저매각가격의 10%)을 뺀 금액에 해당하는 사람이 대상이 된다.

예를 들어 해당 사건의 최저매각가격이 6,000만 원인 경우를 보자.
입찰내역이 6,500만 원, 7,000만 원, 7,200만 원, 7,300만 원, 7,500만 원
이라면 이 중 최고가매수금액인 7,500만 원이 낙찰금액이 된다.
이 7,500만 원에서 입찰보증금인 600만 원(최저매각가격인 6,000만 원의
10%)을 뺀 금액인 6,900만 원 이상을 적은 사람은 모두 차순위신고 대
상자가 된다.
즉, 2등 가격을 쓴 7,300만 원의 입찰자만 차순위신고 대상자가 아닌
것이다. 이 대상자 중에 차순위신고인이 2명 이상이면 그중 높은 가격
으로 입찰한 사람에게 자격이 주어진다.

차순위매수신고 제도는 경매절차의 간소화와 지연 방지, 비용절약에
그 목적이 있다.
낙찰 가격에서 입찰보증금을 뺀 가격 이상으로 입찰한 사람 모두에게
차순위매수신고 자격을 부여하는 이유는 최고가매수인이 대금납부를
지연해 차순위매수신고인에게 기회가 주어지면, 몰수된 최고가매수인
의 입찰보증금 10%가 배당재산에 포함되니 결과적으로 최고가매수금
액과 같거나 그보다 높은 가격에 매각되는 효과가 발생해 채무자의 재
산에 손해를 끼치지 않기 때문이다.

낙찰 포기한 물건,
다시 낙찰받다

농가주택이 경매에 나와 투자자 4명과 공동입찰로 응찰했다. 감정가는 약 4,000만 원이지만 투자 가치가 있다고 생각한 나는 가격을 1억 2,000여 만 원까지 높여 쓰기로 했다. 개찰 결과 입찰자가 21명이나 몰린 물건이었는데 2위 9,912만 원, 3위 9,820만 원 등 필자의 낙찰금액인 122,244,477원과 많은 차이를 보였다.

처음엔 낙찰받은 기쁨에 투자자들이 좋아했던 순간도 찰나, 상대적으로 너무 높게 받았다고 보증금을 포기하자고 아우성이다. 나중에 후회하게 될 것이라고 투자자에게 말했으나 마이동풍이었다. 지분이 많은 투자자가 보증금 포기를 굽힘 없이 주장하는 바람에 어쩔 수 없이 잔금납부를 하지 않아 보증금이 몰수되었다.

소 재 지	제주 서귀포시 대정읍 영락리 19██ **도로명주소**		
경매구분	임의경매	채 권 자	유██종
용 도	단독주택	채무/소유자	박██현	매 각 기 일	16.02.15 (100,011,111원)
감 정 가	**40,034,490** (15.06.15)	청 구 액	56,000,000	종 국 결 과	16.04.22 배당종결
최 저 가	**40,034,490** (100%)	토지면적	445.0 ㎡ (134.6평)	경매개시일	15.06.02
입찰보증금	10% (4,003,449)	건물면적	56.2 ㎡ (17.0평)	배당종기일	15.08.24
주 의 사 항	·재매각물건 ·법정지상권 ·맹지 ·입찰외 **특수特분석신청**		
조 회 수	·금일조회 1 (0) ·금회차공고후조회 547 (58) ·누적조회 1,371 (145)		( )는 5분이상 열람 **조회통계**

■본 물건에 대한 이해관계인 및 회원의 제보를 받습니다. **제보하기**

하지만 내 생각은 달랐다. 분명 승산이 있다고 판단한 나는 재경매로 나왔을 때 딸의 명의로 입찰해 1억 원에 낙찰받았다.

현재 사진에 보이는 건물을 멸실하고 포클레인으로 이틀 동안 정리 작업을 마친 상태다. 곧 건축이 들어갈 예정이다.

맹지이긴 하나, 기존건물이 56.2㎡로 건축물대장이 있으니 신축허가가 나와 전문가에게 설계를 의뢰 중이다.

재경매(=재매각)란?

전 회차에 낙찰된 경매 사건에서 낙찰자가 잔금납부를 하지 않아 입찰 보증금이 몰수된 후 다시 경매가 진행되는 것을 재경매(재매각)라 한다.

재경매인 경우 가격이 저감되지 않고 종전에 정한 최저매각가격으로 진행된다. 이는 응찰자가 없어 유찰이 되어 다시 경매로 등장한 신경매와 다른 점이다. 종전 최고가매수인이 재매각기일의 3일 이전까지 대금, 그 지급기한이 지난 뒤부터 지급일까지의 대금에 대한 연15%의 이율에 따른 지연이자를 지급하면 소유권이 인정되어 재매각은 취소된다.

차순위매수신고인이 있는 경우 재경매를 진행하지 않고 차순위매수신고인에게 기회가 부여돼 잔금납부 기한이 정해진다.
만약 차순위매수신고인도 잔금납부 기한까지 잔금을 납부하지 못하면 입찰보증금이 몰수되고 다시 경매가 진행된다. 이때, 재매각기일 3일 이전까지 종전 최고가 매수인과, 차순위신고인 중 먼저 잔금납부와 지연이자 지급을 한 사람이 소유권을 취득할 수 있다.

잔금납부를 하지 않아 입찰보증금이 몰수된 종전 낙찰자는 재경매 시 입찰 자격이 없다. 따라서 다시 입찰하고 싶다면 명의를 바꿔 입찰해야 한다.

재매각 예시

46

무인텔, 1년 만에
4배 가격이 오르다

　무인텔인 이 물건이 경매로 나온 사연도 앞선 동업자의 사례들과 거의 비슷했다. 2명의 동업자가 서로 투자해 건물을 짓던 중 동업관계가 틀어져 은행이자를 못 막아 미완성인 상태에서 채권자인 은행의 경매 신청으로 등장한 물건이다.

　50m 도로에 접하는 매우 좋은 위치이며, 1층 편의점 자리도 괜찮다고 판단해 1회 유찰된 상태에서 과감히 9억 원에 입찰했는데 7억 8,000만 원을 적은 2위와 1억 2,000만 원 이상 차이가 났다. 아쉬운 맘이 들었지만, 9억 원의 이상의 가치가 충분하기에 후회는 없었다.

　현재 투자자가 직접 운영 중인 무인텔은 지가가 지속 상승해 현

소 재 지	제주 제주시 조천읍 선흘리 19□□-□				
	(63346) 제주 제주시 조천읍 번영로 1616-6				
경 매 구 분	임의경매	채 권 자	서□원		
용 도	숙박	채무/소유자	조□식/조□용	매 각 기 일	16.07.11 (900,009,999원)
감 정 가	1,030,106,000 (15.10.07)	청 구 액	700,000,000	종 국 결 과	16.09.09 배당종결
최 저 가	721,074,000 (70%)	토 지 면 적	1,500.0 ㎡ (453.8평)	경매개시일	15.09.01
입찰보증금	10% (72,107,400)	건 물 면 적	전체 641.2 ㎡ (194.0평) 제시외 83㎡ (25.1평)	배당종기일	15.12.03
조 회 수	• 금일조회 1 (0) • 금회차공고후조회 258 (35) • 누적조회 637 (78)				( )는 5분이상 열람

■ 본 물건에 대한 이해관계인 및 회원의 제보를 받습니다. 제보하기

재 평당 500만 원 수준으로 땅값만 현재 24억 원이다. 여기에 건물 값 10억 원을 합하면 35억 원 정도다.

또한 앞으로 신공항의 영향을 받을 지역이라 가치가 더욱 유망하다. 2016년 7월에 낙찰받았으니 1년이 지난 지금, 4배 이상의 가치가 상승했다.

어리석은 새가 멀리난다

애월읍 봉성리 토지 100평이 경매에 나왔다. 예전에 애월읍 봉성리 토지를 400만 원에 사서 1억 2,000만 원에 판 경험이 이번 경매로 나를 이끌었다. 비슷한 지역이었기 때문이다. 결과는 입찰자

3명을 제치고 1,000만 원에 낙찰받아 현재 보유 중이다.

역시 지난번처럼 가보지도 않고 푹 묻어둘 생각이다. 그러다보면 또 무슨 일이 진행되어 집을 짓거나 도로가 생겨 재미를 볼지 모른다는 생각이다.

즉 어리석은 새가 멀리 난다는 필자의 지론이다.

이효리가 살다 나간 애월읍 소길리 지역의 임야 268평이 경매에 나와 4명의 경쟁자를 물리치고 1억 4,000만 원에 낙찰되었다.

평당 53만 원으로 낙찰되어 현재 타운하우스나 빌라 건축을 추진 중이다. 이효리가 평당 4만 원에 사서 약 4년 후 약 50만 원에 팔고 나간 지역이며 현재 100만 원을 호가하고 있다.

토지 투자는 어려운 것인가?

부동산 투자에 관심이 있는 사람이라면 한번쯤 토지에 투자해 돈을 벌고 싶단 생각을 할 것이다. 하지만 많은 사람들이 토지 투자를 엄두도 못 낸다. 왠지 다른 부동산보다 어려울 것 같고, 돈이 꽤 많아야 할 것 같다. 토지는 많은 지식이 필요할 것 같은 기분에 선뜻 다가서지 못하는 경우도 많다.

투자자 입장에서 가져야 할 지식은 토지를 보고 무엇으로 개발할지 정하고 어떻게 개발하면 수익성이 커질지 판단해 그 목적을 이루기 위해 문의를 잘하면 된다. 허가를 취득할 수 있게 토목 사무실이 존재하는 것이며 허가에 맞는 건축을 하기 위해 건축사 사무실이 존재하는 것이다.

투자자는 토지를 보고 그 토지가 돈이 될 수 있는지만 판단하면 되는 것이지, 기술적으로 어떻게 해야 허가가 나며 어떤 건축물이 들어올 수 있는지까지 미리 판단할 필요가 없다.

인생을 바꾸고 싶은 자,
의식을 전환하라

47 상황이 능력을 만든다

수천 건의 경매 물건에 입찰했고, 수백 건의 낙찰을 경험하며 4,000만 원의 빚이 전부였던 필자가 10년 사이 수백억 원의 자산가가 되었다. 그동안 수많은 세입자와 부동산 소유자를 만나 협상하는 과정에서 멱살을 수도 없이 잡혔으며 협박당하기도 부지기수였다. 어떤 80대 할머니는 집 앞에 드러누워버려 112가 출동하기도 했고, 칼을 들고 설치는 사람도 만났다. 심한 욕설은 기본이며, 조폭처럼 거친 세입자도 다반사였다.

지하, 반지하를 주로 낙찰받다 보니 청소는 기본이며 전기도 직접 다 고쳤다. 그 덕분에 드라이버 하나면 뚝딱 고치는 맥가이버로 거듭나게 되었다.

누군가 나에게 "운이 좋군요"라고 말하면, 나는 "네, 맞아요. 그

런데 반지하 변기 300개 닦아보신 적 있나요? 노력하면 운도 따라
오지요. 운도 제가 만들어가는 겁니다" 하고 웃는다.

지금은 건물 안까지 보지 않아도 내부가 예상이 된다. 단독주택
도 한번 보면 감정평가사보다 더 실거래가에 맞게 평가하는 능력
이 생겼다. 이 덕분에 돈이 되는 집인지, 안 되는 집인지 바로 알아
볼 정도로 내공이 쌓였다.

나는 반지하 경매를 꾸준히 했지만 반드시 반지하만을 고집하진
않는다. 지금은 꼬마빌딩, 상가 낙찰자로 변신하고 있다. 또한 투
자 가치가 있는 곳은 급매로도 얼마든지 구입한다.

나를 지켜준 9원칙

처음 경매를 시작할 때 나름대로 세운 9가지 원칙이 있다. 나는 이 원칙을 지금도 꾸준히 지키며 리스크를 대비한다.

1. 늘 역발상으로 가자.

2. 아파트는 안 한다.

3. 단독주택, 빌라, 땅 순위로 한다.

4. 무가치 투자가 최상의 투자다. 찾으면 많이 보인다(투자금 회수).

5. 금리는 12%까지 좋은 빚이다(개인적 실력여부).

6. 낙찰받은 물건은 기본 5년은 보유한다(양도세 오르는 것 감안).

7. 수익률은 높으나 혼자하기 힘든 큰 물건은 공동 투자로 간다.

8. 비슷한 생각을 가진 투자자와 같이 한다(뭉치면 산도 옮긴다).

9. 투자에 국경은 없다(앞으로 유럽, 특히 동유럽 주목. 호주, 캘리포니아, 도미니카, 칠레, 스코틀랜드).

투자를 두려워하지 말라

돈이 돈을 벌게 해준다는 말이 있다.

경매를 거듭하며 돈에 구애받지 않다 보니 나의 생활은 정말 자유로워졌다. 남의 밑에서 월급이나 받다가 무기력하게 노후를 맞지 않게 되었으며, 금융을 터득해 내 돈 없이도 투자가 가능해졌다. 지금은 투자가로 변신해 여러 채의 꼬마빌딩뿐 아니라, 호텔, 리조트, 펜션, 모텔, 공장, 병원 등 제주도 내 300개의 물건을 보유 중이다. 참고로 제주도 물건을 낙찰받는 동안 내 자본이 들어간 물건은 없다. 부동산 가격이 올라 이미 담보된 부동산에서 추가 대출이 가능해졌기 때문에 무자본 투자로 변한지 오래다.

지금은 늦었다고 생각하시는 분들은 어디를 가든 두려울 것이다. 투자란 늘 이기는 것도 아니고, 실패만 하는 것도 아니다. 이기고 지는데 너무 예민해질 필요가 없으며, 시간이 흐를수록 경험으로 승화되어 내공으로 이어진다는 게 내 철학이다.

초보자는 지는 것을 싫어한다. 아니, 정확히 말하면 두려워한다. 실력은 부족한데 잘나가는 남들을 보면 부러움을 넘어 질투가 난다. 내 수입에 맞춰 살자니 인생이 궁상맞은 것 같고, 쓰고 살자니 돈 때문에 싸우고 돈 걱정에 벌떡 일어나는 일이 비일비재하다. 나 또한 예전에 경험했던 것들이다. 언제나 정부 탓, 남 탓하며 술 마시고, 괜히 옆 사람 시비 걸어 싸움하다 경찰에 불려가는 생활을 한다. 목표가 없기에 정신적·육체적으로 쉽게 망가지기 쉽다. 그렇게 세월이 흘러 늙고 병들어 가족이나 친구도 찾아오지 않는 쓸쓸하고 외로운 생을 마감하기 십상이다.

희망 없는 삶이란 죽음보다 못한 삶이다.
사람은 열흘을 굶어도 죽지 않지만, 희망 없이는 단 하루도 지옥과 같을 것이다.

부자마인드가 필요하다

부자는 특유의 마인드가 있다. 부자의 공통점은 돈이 많다는 것과 마인드가 같다는 것이다. 부자가 되려면 부자 마인드를 흉내 내야 한다. 부자가 되려면 지금까지 나를 가난하게 만든 마인드를 버려야 한다.

- **부자들은 매사에 긍정적이며, 성공적인 사람들과 사귄다. 빈자들은 매사에 부정적이며, 성공하지 못한 사람들과 사귄다.**

- **부자는 만물에서 기회를 보고, 빈자는 만물에서 장애를 본다.**

돈을 사랑하고 부자들을 사랑해야 한다. 쉽지 않은 일이다. 부자들을 미워하는 사람이 많다. 부자를 싫어하기 때문에 가난한지, 가난하기 때문에 부자를 싫어하게 되는지 어느 쪽이 맞을까? 닭과 달걀 관계와 같다. 어쨌든 부자를 사랑해야 한다. 돈을 추구하는 것을 죄스럽게 여기는 사람들도 있다. 죄의식에서 벗어나야 한다. 돈은 남을 돕는 수단이라는 것을 상기하자. 돈을 많이 벌어서 좋은 일을 맘껏 하자고 다짐하자.

세상에는 눈에 보이는 것과 눈에 보이지 않는 것이 있다. 이 중 눈에 보이지 않는 것이 더 중요하다. 탐스러운 열매를 맺게 하는 것은 눈에 보이지 않는 뿌리가 근원이다. 눈에 보이는 돈을 벌려면 눈에 보이지 않는 마인드를 바꿔야 한다.

사람들의 남의 성공을 부러워한다. 자신도 부자가 되고 싶어 모방한다. 하지만 이는 오래가지 못한다. 마치 옆 나무 열매를 따서 내 나무에 붙여놓는 꼴인데, 겉으로 보기엔 나무에 열매가 열린 것 같아 보여도 뿌리에서 나오는 영양분이 없기에 열매는 곧 말라 떨어져버린다.

복권에 당첨된 사람이 얼마 못 가 그 많은 돈을 탕진하게 되는 경우가 이런 이유다. 복권 당첨으로써 열매(돈)를 얻었지만, 이를 유지해줄 뿌리가 없다. 즉, 마인드를 바꾸지 못했기 때문에 열매를 유지할 수 없는 것이다.

들은 것은 쉽게 잊어버린다. 본 것은 기억한다. 행동한 것은 깨달는다. 즉, 몸을 움직여 행동을 해야 내 것이 된다. 앞서 얘기한 복권에 당첨된 사람은 흥청망청 돈을 탕진한 뒤에야 절실히 깨달았을 것이다. 다시 복권에 당첨된다면 흥청망청 쓰진 않을 것이다. 행동으로 깨달았기 때문이다. 하지만 이런 기회가 다시 오긴 쉽지 않다.

따라서 우리는 이런 시행착오를 겪지 않아야 한다. 시행착오를 겪지 않는 가장 좋은 방법은 멘토를 찾는 것이다.

어떤 멘토를 찾을 것인가는 자신의 몫이다. 자신의 장점을 더 어필할 수 있고, 부족한 부분은 보완할 수 있도록 신선한 자극으로 채워줄 멘토 말이다.

멘토를 찾았다면 기다리지 말고 먼저 요청하라. 여기서 요청한다는 의미는 멘토가 되어달라고 직설적으로 요청하란 뜻이 아니다. 만일 그렇게 한다면 상대는 당황스러워하거나 부담을 느끼고 거절하거나 웃음으로 상황을 넘기려 할 수 있다. 자신이 생각한 멘토와 관계를 발전시킬 수 있는 방법들을 생각해보고, 존중함과 친근감을 발휘해야 한다.

사람은 자신의 말에 귀를 기울이고 존중해주며 따르고 싶어 하는 사람을 좋아한다.

인생은 그리 길지 않다

인생은 그리 길지 않다.

오죽했으면 화살같이 빠른 세월이라 했겠는가? 하고 싶은 일만 하고 살아도 너무 짧은 게 인생이다.

여행도 하고 싶고, 기타도 잘 치고 싶다. 바다에 빠졌을 때를 대비해 2시간 정도 버틸 수영 실력도 갖추고 싶다. 하늘에 올라 스카이다이빙도 하고 싶고, 아름다운 바다 속에서 스쿠버도 하고 싶다. 요트를 타고 뱃머리에 올라 손을 펼쳐 가슴으로 들어오는 바닷바람을 만끽하고 싶다. 사람들과 어울려 승마도 배우고 싶고, 광활한 아프리카 초원에서 코끼리와 기린도 보고 싶다.

이렇듯 사람들은 저마다 하고 싶은 일이 다양할 것이다. 하지만 이 모든 것을 누릴 수 있는 사람이 있는 반면, 그렇지 못한 사람이 더 많은 것이 현실이다. 이루지 못하는 각각의 사정이 있겠지만, 가장 큰 이유는 돈이다.

물질적 풍요가 반드시 정신적 풍요를 대변하는 것은 아니다. 하지만 컨베이어 벨트에 앉아 드라이버로 하루 종일 볼트를 조이는 일을 하는 사람이 꿈속에서도 볼트를 조이고 있다면 과연 삶이 풍요롭다고 할 수 있을까? 꿈에서도 볼트를 조이다니 너무 행복하다고 말할 수 있을까?

인생은 가혹하고 힘들다. 경험해야 제대로 배울 수 있기 때문에 야생의 들개처럼 스스로 터득해야 살아남을 수 있다.

학생들이 자주 쓰는 단어 중에 '수포자', '과포자'란 말이 있다. 이는 수학 포기자, 과학 포기자를 뜻한다. 나는 묻고 싶다. 수포자, 과포자가 인생에서 낙오자인가? 미분, 적분, 이차함수 그래프를 잘해야 인생에서 성공하는가? 물론 과학영재, 수학영재가 있어야 우주선도 만들고, 산업혁명도 가져온다. 하지만 재능도 없는 사람을 가둬놓고 억지로 공부시킨다고 실력이 늘까? 원래 공부는 본인이 스스로 할 때 가장 성과가 크다. 타율적으로, 강압적으로 한다고 실력이 느는 것이 아니다.

우리나라 교육의 맹점

우리나라 교육과정을 보자.

장장 12년(초6년, 중3년, 고3년)동안 천편일률적인 교육을 주입하고 나서 대학입시라는 과정을 거치며 본인이 원하는 전공을 선택한다. 자기 취향에 맞는 학과를 간다면 그나마 다행이지만 성적에 맞춰 원하지 않는 전공학과에 가는 비율이 더 높다. 서울대의 경우 자신의 전공에 맞게 입학하는 경우는 10명 중 4명 정도라는 통계도 있다. 나머지 6명은 '서울대 ○명 합격생 배출'이란 타이틀이 필요한 고교에 희생되어 자신의 적성과 동떨어진 분야의 공부를 하고 있는 셈이다. 이렇게 입학한 학생이 과연 재미있는 공부를 할 수 있을까?

필자가 서울대에 입학 한 후 1년 동안 기숙사에서 보낸 적이 있다. 인문계, 자연계, 공대, 법대, 예능계 학생들이 한 기숙사에서 같이 생활했는데 중간·기말고사가 다가오면 커닝 페이퍼를 만드느라 정신없이 분주한 경우가 많다. 노력해 공부해서 시험을 봐야 진짜 내 실력이지, 그런 것 작성해서 시험성적이 좋게 나온들 무슨 소용이 있을까 싶은데, 공부는 하기 싫고 낙제를 면하기 위한 궁여지책임을 잘 알고 있다.

필자가 속한 예능계는 95% 이상의 학생이 적성에 맞게 지원해 억지로 하는 경우는 많지 않다. 다만 실기가 거의 전부라 어렸을 때부터 피나는 연습을 해야만 한다. 피아노의 경우 하루 15시간 이상 10년 이상을 쳐야만 이 분야에서 성공이 가능하다. 세계 최고의 피겨스케이트 선수인 김연아도 어린 시절부터 하루 8시간 이상 피겨 훈련을 했다고 하지 않은가!

52

당신이 꿈꾸던
직장이 맞는가?

　대부분의 중학생, 고등학생 때는 수능이라는 끝을 보며 달린다. 이는 더 나은 삶을 살기 위해 교육을 받는다는 둥, '자아실현'이라는 그럴 듯한 어휘로 포장되기도 하는데, 궁극적인 목적은 더 많은 돈을 벌기 위해서다.

　대부분의 사람들은 대학에 입학하게 되고, 입학하고 나면 다시 취업을 향해 달린다. 날마다 비싸져가는 등록금, 가난한 집안 살림에 아르바이트를 전전하며 생활비를 벌어야 하는 현실, 친구들의 행복한 SNS 사이에서 2,000원 남은 계좌 잔고를 확인하는 서러움을 안고 힘들게 학교를 다닌다. 적성에 맞지 않는 학과를 선택한 탓에 재미없는 공부였다. 어쩔 수 없이 좋은 직장에 취업하기 위해 커닝이라도 해서 좋은 성적을 유지하려 애썼다. 졸업 후에도 끝이 보이지 않는 취업준비생으로 살아가다 마침내 취업에 성공한다.

이렇게 많은 교육을 받은 당신, 더 많은 돈을 벌고 있는가? 본인이 꿈꾸던 그 직장이 맞는가? 대부분 고개를 저을 것이다.

취업난을 뚫기 위해 이리저리 마구잡이로 낸 이력서에 적성이 안 맞는 곳도 많고, 과중한 업무에 지쳐가고 있다. 새벽 출근, 야간 퇴근은 기본인 현실에 1주간의 근로시간은 휴게시간을 제외하고 40시간을 초과할 수 없다는 근로기준법 제50조1항의 조문은 멀게만 느껴진다.

처음에는 일에 적응하고, 조직생활에 적응하며 내 뜻대로가 아닌 조직의 뜻이라는 이유로 강요 아닌 강요를 접한다. 강압적, 업무 성과만을 바라는 조직생활에 몸이 경직되고 마음이 피폐해져 간다. 더럽고 치사해서 그만두고 싶은 순간이 한두 번이 아니지만 어떻게 취직한 자리인데 쉽게 털어버릴 수도 없다. 상사나 회사를 험담하며 스트레스를 풀며 또 다시 지옥 같은 지하철에 올라탄다.

그렇게 힘든 직장 생활을 버티며 2%대 금리에 만족하며 3년, 5년 지속해서 저축을 하면 내 삶이 나아져 있을까? 내 삶이 풍요로워져 있을까? 갈수록 삶은 팍팍해지고 고단해진다. 저축의 이자보다 물가상승률이 더 높은 게 현실이며, 통화량 상승으로 화폐가치는 갈수록 하락하고 있다. 자본주의 시장의 원리를 모르는 순진한 직장인들은 내일의 부자를 상상하며 한 푼 두 푼, 적금을 넣고 있는 것이다.

53

선구자가 되라!

금수저, 은수저, 흙수저….

사회적으로 큰 이슈가 되는 단어다. 이는 사회 계급을 나누는 것을 뜻하는 신조어로, 금수저란 부모의 재력과 능력이 아주 좋아 아무런 노력과 고생을 하지 않음에도 풍족함을 즐길 수 있는 자녀들을 지칭하고, 흙수저는 부모의 능력이나 형편이 넉넉지 못한 어려운 상황에 경제적인 도움을 전혀 못 받고 있는 자녀를 지칭하는 단어로 금수저와는 상반되는 개념이라 할 수 있다. 이런 신조어가 등장할 정도로 우리사회는 개인의 능력으로 아무리 노력해도 닿을 수 없는 계급이 존재하는 의식이 팽배해지며 사회적 허탈감이 증가하고 있다.

흙수저로 태어나면 금수저가 될 수 없을까? 그렇지 않다. 본인의 노력 여부에 따라 얼마든지 금수저가 될 수 있다. 지독한 가난 탓에 끼니를 굶는 것도 다반사였고 중학교 1학년 때 학교를 그만둬야 했지만 지금은 수백억 원의 자산가가 된 필자가 산 증인이다.

뭐든지 처음 배우는 길은 험난하다.

처음 배우는 수영을 생각해보자. 코와 입에 물이 들어가는 고통의 연속이다. 첫 자전거 타기도 마찬가지다. 넘어지고 들이 받고, 까진 상처에서 피가 나는 경험을 해봤을 것이다. 하지만 이런 경험이 있기에 능숙한 수영 실력도, 빠른 자전거 실력도 뽐 낼 수 있다. 사업을 하려거든 여러 번 실패할 각오로 임해야 한다. 닥쳐올 재난을 정신적으로 미리 예상하고 있으면 재난이 와도 견딜 수 있다는 통계가 있다.

'만 시간의 법칙'을 아는가?

어느 분야에서 성공하려면 만 시간을 그 분야에 쏟아야 가능하다는 것으로 실험 결과로 입증되었다. 성공은 1%의 재능과 99%의 노력이라 했지 않은가!

쌓아가는 노력은 무섭다. 시간의 흐름 속에 켜켜이 쌓은 노력은 단단하게 굳어져 누구도 범접할 수 없는 경지에 다다른다. 처음에 반지하 1채를 낙찰받았을 때의 내 모습과 10여 년의 흐른 뒤의 내 모습은 많이 달라졌다. 마이너스 통장에서 뺀 돈으로 간신히 입찰 보증금을 넣던 그 시절의 내가 있었기에 오늘의 내가 존재한다. 그

때 반지하 경매를 시작하지 않았더라면, 마이너스 통장에서 돈을 빼지 않았더라면, 오늘날의 수백억 원의 자산도 없는 것이다.

강심장을 지녀라

경매로 경제적 자유 즉, 삶의 자유를 얻고 싶다면 마음을 강하게 먹어야 한다. 처음부터 겁먹지 말라. 막상 가보면 아무것도 아닌 게 세상엔 참 많다.

별 것 아닌 것으로 벌벌 떨지 말라.
길들여지지 말고 야성을 회복하라.

경매에 도전하는 분들에게 드리고 싶은 말이다. 평범한 것, 진부한 것은 잊어라. 팔로워가 아닌 First mover가 되라. 선구자가 되라는 뜻이다.

I can 과 I can't

'나는 할 수 있다'도 맞는 말이고, '나는 할 수 없다'도 맞는 말이다. 본인이 할 수 있다면 당연히 할 수 있다. 하지만 본인이 할 수 없다고 포기하면 더 이상 할 말이 없다. 즉, 본인의 마음가짐이 중요하다.

우리의 뇌에는 큰 힘이 있다.

바로 자신이 선택한 대로 이뤄내는 것이다. 어려운 상황에 부딪쳤을 때 할 수 있다는 마음을 가지면 우리의 뇌는 할 수 있도록 자신감과 의욕을 발생시킨다.

반대로 '나는 할 수 없다'를 선택하면 우리 뇌는 이러저러 해서 안 된다는 이유를 찾고 두려움을 만들어 정말 그 일을 할 수 없게 만든다.

'할 수 있다'와 '할 수 없다'는 나의 선택이다.

뇌가 가진 특성은 누구나 같지만 어떤 선택을 하느냐에 따라 그 결과는 달라진다. 자신의 뇌를 믿고 얼마만큼 긍정적인 정보를 주느냐에 따라 뇌의 능력은 달라진다.

할 수 있다

내셔널지오그래픽에서 일반인을 대상으로 한 실험은 이런 뇌의 이론을 뒷받침해준다.

실험내용은 이렇다.

일반인인 여성 실험참가자에게 농구공을 주며 자유투 10회를 던져보라고 한다. 이 참가자는 10회 모두 실패했다. 본인은 농구선구가 아닌 일반인이라 실패하는 게 당연하단 말도 덧붙인다.

이번에 진행자는 10여명의 관객들까지 동원하며 잘할 수 있다고 응원 열기를 높인다. 게다가 이번에는 안대를 착용한 상태로 공을 던지는 것이다. 실험 참가자는 자신 없어 했지만, 이윽고 안대를 착용한 상태로 농구공을 힘껏 던졌다.

"와우~ 골인이에요."

관객들의 함성이 들려온다.

"설마 내가 공을 넣었나요?"

안대를 벗은 여성참가자는 어리둥절해한다. 진행자는 골인을 했다며 멋지다는 칭찬했고 곧 안대를 다시 착용하고 2번째 자유투에 도전해보라고 한다. 여성 참가자는 다시 안대를 착용하고 공을 힘껏 던졌고 관객들은 다시 함성을 보낸다. 이번에도 골인을 했다는 반응에 어리둥절 놀라며 안대를 벗는 참가자.

이렇게 2번의 안대 테스트를 한 후 이번에는 안대를 벗고 자유투를 던지는 것이다. 여성 참가자는 크게 심호흡을 하며 자유투를 던졌지만 아쉽게만 골대 주변에서 맴 돈 공은 골인이 되지 않았다. 다시 한 번 시도한 참가자, 이번에도 노골이었다.
하지만 3번째 시도에도 드디어 골인을 한 참가자, 4번째도 마찬가지로 골인을 했다.

처음에 10번의 자유투 기회에서 한 번도 골인을 하지 못했던 참가자가 안대테스트를 거친 후 3번 만에 자유투를 성공시킨 것이다. 즉, '나는 할 수 있어'라는 긍정의 힘을 뇌에 실어준 결과, 그대로 이루어진 것이다.

사실은 앞선 안대테스트에서 던진 2번의 자유투도 모두 실패였다. 하지만 미리 각본을 맞춘 관객들은 골인을 했다며 환호했고, 이에 참가자는 실제 자신이 골을 넣었다는 생각을 하게 되었다.

이렇게 2번의 골의 넣었다는 생각은 뇌에 긍정적인 영향을 미쳤고 안대를 벗고 진행한 테스트에서 할 수 있다는 자신감을 불어넣어 준 것이다.

이렇듯, 결과는 자신에게 달려 있다. 세상 모든 일이 마찬가지다. 돈을 벌고 싶은가? 부자가 되어 세계 일주를 하고 싶은가? 그렇다면 '나는 할 수 있다'는 굳은 결심을 세워라.

혹자는 가난 때문에, 환경 때문에, 나이 때문에… 등등. 탓, 탓, 탓을 하며 할 수 없다고 말한다.

하지만 이는 탓하기 전에 이미 자신의 마음에 할 수 없다는 각인을 먼저 한 것은 아닐까? 도전할 용기가 없음을 들키지 않기 위해 즉, 나는 할 수 없다는 당위성을 만들기 위해 가난, 환경, 나이를 끄집어 붙여놓는 것은 아닌가 말이다.

할 수 없다고 생각하고 있는 동안은 사실은 그것을 하기 싫다고 다짐하고 있는 것이다. 그러므로 그것은 실행되지 않는 것이다.

남의 인생 뒤치다꺼리하다 생을 마감하고 싶은가?

'성공의 반대말은 실패가 아니라 도전하지 않는 것'이란 문구를 본 적이 있다.

정확한 직시에 크게 공감했다.

일반적으로 처음 회사생활 시작할 때는 홑몸에 에너지도 있었고 아쉬울 것도 무서울 것도 없다. 회사가 까칠하게 굴면 퇴사까지 감행하며 회사 하나에 목매는 내가 아니라는 점을 피력한다.

시간이 흘러 결혼을 하고 아이를 낳고, 어느새 마흔의 나이… 가장의 어깨가 날로 무거워진다.

열심히 일하는데 벌어놓은 돈은 별로 없고, 위로는 압박받고 아래로는 신입들이 치고 올라오고, 쉽게 전직이 허용되지 않고… 마음 한편으론 뛰쳐나가고 싶지만, 다달이 고정 생활비가 들어가는 마당에 이 나이에 나가서 찬바람 맞느니 어떻게든 조직의 울타리 안에 갇혀보려는 심리가 더 강하다.

어떻게 잘 처신해서 쉰 살까지 월급쟁이를 한다 해도 그 이후가 막막하다. 아이들은 한창 돈 많이 들어가는 중·고등학생, 중도에 생업이 비정규직으로 전환되는 순간은 생각만 해도 끔찍하다.

남들 따라 대학 나와 손에 익힌 기술도 없고, 몸으로 배운 경험도 없다. 지금이라도 틈틈이 뭔가 기술이라도 익혀야 하지 않을까 하는 생각을 자주 하게 된다.

월급은 도토리 키 재기다

대기업 부장이라고 해봤자 연봉 8,000만 원~1억2,000만 원 정도다. 그나마 부장까지 달면 성공한 샐러리맨이다. 한해 신입사원이 100명 입사하면 부장까지 다는 사람은 100명에 4명이다.

더 좋은 직장으로 이직을 생각하는가? 나이 먹고 더 좋은 조건으로 이직하는 게 어디 말처럼 쉬울까? 정말 능력 좋은 소수 빼고는 더 좋은 조건으로 이직하는 것은 하늘의 별 따기다. 기업이 원하는 인력은 30대의 대리나 과장급의 인력을 필요로 하지 40대의 부장급 인력을 필요로 하는게 아니기 때문이다.

그렇다면 열심히 일해서 대기업 이사를 목표로 해본다고?

아주 특별한 인생을 살아온 분이 아니라면 꿈도 꾸지 말라. 그 정도 지위까지 올라갈 사람들은 기업 입장에서도 애초에 따로 뽑고 따로 관리 받고 이미 정해져 있다고 봐도 과언이 아니다. 평범한 신입사원으로 올라갈 수 있는 최고등급은 부장이다.

대기업부장의 연봉이 1억 원이라고 해도 한 달 실 수령액은 월 600만 원 정도다. 물론 적은 돈은 아니지만, 나이 40대의 한 집안의 가장으로서 월 600만 원이 인생을 바꿀 만큼 그렇게 큰돈은 아니다.

남의 밑에서 평생 종처럼 월급이나 받고 원숭이처럼 시키는 일만 하다가 삶을 마감하길 원하는가?

햄스터나 다람쥐처럼 쳇바퀴 돌리다가 야생에 내던져지면 맹수의 밥이 되는 신세다. 어차피 죽는 거라면 목숨을 걸고 도전해야지, 겁쟁이처럼 두려워서 벌벌 떨면 누가 도와주겠는가? 전쟁에 나간 병사가 도망칠 궁리만 하는 것과 다름없다.

원숭이의 욕심

미얀마의 원주민들은 아주 간단한 방법으로 원숭이를 잡는다. 코코넛에 작은 구멍을 뚫고 바나나를 넣어둔 뒤, 나무 밑동이 묶어 놓는다. 원숭이는 바나나를 잡으려고 구멍 안으로 손을 넣지만 바나나를 쥔 상태로는 손을 뺄 수가 없다. 자신의 손에 잡은 바나나를 포기하지 못해 결국 사람들에게 잡히고 만다.

즉 바나나에 대한 집착으로 무엇이 더 현명한지 판단하지 못한 채 눈앞의 욕심에 정신이 팔려 일을 그르친다.

인간 사회도 똑같다.

산업화 시대, 즉, 시대에 한참 뒤떨어진 사고에 세뇌되어 새로운 정보를 받아들이는 데 둔감하다. 학력, 직업, 직장에 집착해 무슨 일이 일어나는지도 모른 채 살아가고 있다. 그들이 본 동전의 한쪽 세상이 전부인 줄 알고 말이다.

56 목표가 분명한 삶을 살라

일반적으로 얘기하는 사람은 두 부류다.

바로, 과거를 얘기하는 자와 미래를 얘기하는 자다.

흔히 현실이 못마땅하고 생각만큼 풀리지 않을 때 "왕년에 내가 …"라고 말하며 과거를 회상한다. 팍팍한 현실에 철퍼덕 주저앉기가 두려워 추억을 붙잡고 있다. 마치 원숭이가 바나나를 붙잡고 있는 것과 마찬가지다.

"왕년에 내 밑에 부하직원이 수백 명이었지, 내가 한번 뜨면 다들 고개 숙이느라 정신이 없었어."

"왕년에 잘나갈 때 내 전화 한 통하면 친구들 수십 명이 모였는데…."

이렇듯 지금의 현실을 부정하고픈 마음에 잘나가던 과거를 회상하며 빠져 나올 줄을 모른다. 그 잘나가던 과거가 지금 밥 먹여주는 것도 아닌데 말이다.

필자는 사람을 만나면 가장 먼저 묻는 질문이 있다.

"목표가 무엇입니까?"

보통 선뜻 답하지 못하는 경우가 많다.
먼 곳을 응시하며 지나간 과거를 회상하는 경우가 많고, 막연히 돈을 벌고 싶다고 대답하는 경우도 많다.

구체적인 목표를 세워야 한다

꿈을 이루기 위해서는 구체적인 목표를 세워야 한다.

간단한 예를 들어보자.
명절날, 자동차를 이용해 고향 길에 오르려 한다. 당신은 교통 체증을 피하기 위해 어떤 시간에 출발할지, 어느 경로를 이용해서 갈지를 미리 생각하게 된다. 아무 생각 없이 떠났다가는 꼼짝없이 고속도로에 갇혀 있을 것이 뻔하기 때문이다. 새벽 2시에 출발하기로 정했다면 알람을 맞추고 그에 맞게 일찍 잠자리에 들것이다.

이렇듯 하나의 성과를 이뤄내기 위해 목표를 세우고 그 목표에 맞춰 움직이게 되며 그에 따라 결과가 나타난다. 나는 묻고 싶다. 사소한 일상에서도 계획을 세우고 움직이는 게 당연지사인데, 어찌 인생이라는 망망대해를 목표 없이 움직이는가?

무슨 일을 새롭게 시작하려는 사람들은 항상 많다.

하지만 그 일을 끝까지 이뤄내는 사람들은 그리 많지 않다. 크고 작은 일의 성패를 좌우하는 것은 무엇일까?

많은 요인들 중에서 나는 분명한 목표의 유무가 가장 중요하다고 생각한다. 목표가 분명해야 다른 유혹들을 물리칠 수 있다. 목표가 뚜렷해야 어떤 어려움이 닥쳐도 인내하며 이겨낼 수 있다.

우리가 무슨 일을 하려고 할 때 항상 경험하는 사실이 있다. 도움을 주는 것들보다는 훼방을 놓는 것들이 훨씬 많다는 것이다. 수많은 장애물들이 우리의 앞길을 가로막고 의지를 꺾어놓으려고 할 때 그 난관들을 극복할 수 있도록 해주는 힘은 그 너머에 있는, 기필코 도달해야 할 간절한 목표다.

목표가 분명해야 동기부여도 생긴다.

자신이 진정으로 바라고 원하는 것이 저 앞에 있을 때 비로소 우리는 만사를 제쳐두고 앞으로 나아갈 수 있다.

목표가 분명하면 더 중요한 것과 덜 중요한 것을 분별할 수 있다. 그렇게 해서 별로 중요하지 않은 것들에 아까운 시간과 에너지를 낭비하는 우를 범하지 않는다.

한 걸음 더 나아가 목표가 분명할 때 우리는 일의 우선순위를 결정할 수 있다. 무엇을 먼저 하고 무엇을 나중에 하며 무엇을 포기해야 할지 분별력을 키울 수 있다.

뚜렷한 목표가 있을 때 우리는 거기에 시간과 열정과 에너지를 집중할 수 있다. 그리고 우리가 가진 모든 것을 거기에 쏟아 부을 때 그 일에 몰입할 수 있고 성공할 기회를 발견할 수 있다.

목표가 분명하면 설사 실패했다 하더라도 좌절하지 않는다. 넘어졌더라도 훌훌 털고 다시 일어나 나가야 할 분명한 이유가 있기 때문이다. 어떤 대가를 치루더라도 가야만 할 절박함이 있기 때문이다.

지금 우리에게 그 목표는 무엇일까? 그 목표를 향해 우리는 지금 얼마나 에너지를 집중하고 있는 것일까? 만일 대답이 망설여진다면 뚜렷한 목표가 없이 살고 있다는 반증이다. 그렇게 살다가는 시간이 지나도 의미 없는 삶을 살 수밖에 없다.

목표가 분명하지 않는데, 도대체 무엇을 이룰 수 있단 말인가?

포도주 한 잔에 담긴 성공

한 청년이 왕을 찾아가 인생의 성공비결을 가르쳐달라고 했다. 왕은 말없이 큰 컵에다 포도주를 채우고 청년에게 건네주었다. 그리고 주변에 있던 병사를 부르더니 명령했다.

"이 청년이 저 포도주 잔을 들고 시내를 한 바퀴 도는 동안 너는 칼을 들고 이 청년의 뒤를 계속해서 따라가거라. 만약 포도주를 엎지르거든 당장 목을 내리쳐라!"

청년은 식은땀을 흘리며 그 잔을 들고 시내를 한 바퀴 돌아 왕 앞에 왔다. 시내를 도는 동안 무엇을 보고 들었는지 말해보라는 왕의 말에 청년은 아무것도 보지도 못하고 듣지도 못했다고 했다. 왕은 큰 소리로 청년에게 다시 물었다.

"넌 거리에 있는 걸인도, 장사꾼도 못 보고, 뛰어다니는 아이들도, 술집에서 노래하는 것도 못 들었단 말이냐?"

"저는 포도주잔에 신경을 쓰느라 아무것도 할 수가 없었습니다."

그러자 왕이 미소를 지으며 말했다.

"그렇다, 그것이 앞으로 너의 성공 비결이 될 것이다. 인생의 목표를 확고하게 세우고 일에 집중한다면, 어떤 유혹과 비난에도 흔들리지 않을 것이다."

어떠한 일에 몰두하지 못하는 사람들은 주변의 유혹과 잡념에 끌려 다니느라 여기저기 기웃거린다.

목표한 것이 있다면 그것만 바라보고 달려라.

자기가 세운 목표에 긍지를 가지고 최선을 다하면 어떤 일에서도 성공을 얻을 수 있을 것이다.

57

공부를 잘해야 부자가 될까?

공부를 못해도 얼마든지 잘 살 수 있다.

우리나라 대표적 기업자 정주영 회장, 미국의 천재적 발명가 에디슨은 초등학교만 나왔고,《부자아빠 가난한 아빠》의 저자로 유명한 부자아빠 로버트 기요사키는 중학교 중퇴자다. 애플의 창업자 스티브 잡스는 대학 강의 시간에 늘 졸다가 교수로부터 지적을 당하자 곧바로 학교를 그만 두었고, 영국의 괴짜 기업가 버진그룹 CEO 브랜슨도 난독증으로 문제아가 되어 고교를 간신히 졸업했다. 그 외 핸리포드, 카네기 등 글로벌 기업을 운영했던 최고의 기업인들도 겨우 고교 정도만 마친 사람들이다.

이분들이 머리가 나빠서 공부를 못하니 돈이나 벌려고 학교를 그만뒀을까?

그렇지 않다. 책상머리 공부보다는 행동을 더 중시했기 때문에 성공할 수 있던 것이지, 지능이 모자란 것이 아니다.

야생적 현실에서 과연 어떤 공부를 더 중시해야 할까?

당신이 고교 때 배운 미분·적분을 활용해 돈을 벌어봤는가? 당신이 그렇게 외웠던 영어단어를 활용해 돈을 벌고 있는가? 대부분 고개를 저을 것이다. 왜 공부를 해야 하는지 인식하기도 전에 남들에게 뒤처지지 않으려면 공부해야 한다는 당위성을 주입한다. 다수의 법칙에 따라가야 마음이 안심되는 사람들, 그것을 부추기는 사회분위기, 학원도 마찬가지다.

아이를 왜 학원에 보내느냐고 물은 적이 있다. 다들 학원에 보내니까 안 보내면 우리 아이만 뒤처질까 봐, 아이 교육에 무신경한 부모로 보이기 싫어서, 학원에 가야 친구를 사귈 수 있어서 등 여러 답변을 들었다.

여기서도 단적으로 다수의 법칙이 적용되고 있다. 왜 학원을 가야 하는지도 모른 채 남들이 하니까 나도 따라가고 있는 것이다. 단순 학원에서 끝나는 것이 아니다. 남들이 대학가니까, 대학원가니까, 어학연수 가니까… 끝도 없이 남들과 비교하며 뒤따라가기 바쁘다.

평생 꽁무니만 뒤따라 다니고 살 것인가? 오늘 당장 의식을 전환하자. 의식을 전환하지 못하면 평생 그 자리를 벗어나지 못한다.

58

부자가 되고 싶은가?
학교에 가지마라!

경매를 접한 지 15년이 지난 시점부터 돈에 구속되지 않는 경제적 여유를 갖게 됐다.

'돈'이라는 수단은 경제뿐 아니라 시간적 지배 속에서도 나를 해방시켜 나만의 타임 스케줄을 만들어주었다. 책도 많이 읽을 수 있고, 좋아하는 기타를 칠 시간도 생겼다. 무언가에 얽매이고 구속받는 느낌의 삶에서 내가 주인공으로 등장하는 나의 인생이 펼쳐지고 있음을 깨닫게 해주었다. 어릴 적부터 느낀 가난과 순간순간 버티며 살고자 했던 인생 경험은 삶의 바탕이 되어 현재의 가치를 더욱 빛나게 해준다.

학교에서 가르쳐주는 교육도 물론 중요하겠지만, 어려움과 시련이 닥쳤을 때 스스로 일어서고자 하는 힘 즉, 자신의 경험과 느낌이 가장 중요하다 생각된다. 그래서 굳이 학교 교육이 필요한가라는 의문을 다시금 갖게 된다. 획일적인 교육을 받을 시간에 자신의 적성과 특기에 맞는 교육이 더 낫지 않을까 하는 것이다. 현실이라는 야생 생활에서 때로는 버티며, 때로는 즐기며 지낼 시간이더 필요하지 않을까 하는 생각이다.

검정고시 출신인 내 딸들

나는 아이들을 학교에 보내지 않고 홈스쿨링을 시켜 세 딸 모두 검정고시 출신이다. 검정고시 출신이라 색안경을 끼고 볼 수 있겠지만 아이들의 이력은 화려하다. 첫째는 초등학교 중퇴 후 검정고시를 치러 한국예술종합학교 수석 입학, 수석 졸업을 했다.

바이올린을 전공한 큰 딸

플루트를 전공한 둘째 딸

　중학과정을 마치고 검정고시를 치룬 후 플루트 전공으로 대학입학을 준비했던 둘째는 두 번 입학에 실패했다. 항상 실기에서 고배를 마셨는데, 첫째처럼 학교를 일찍 그만두게 하고 부족한 실기 연습을 더 시켰더라면 결과는 많이 달라졌을 거란 생각에 아쉬움이 들었다. 세 번의 도전 끝에 음대에 진학했고 현재는 음대를 졸업했다.

　셋째도 검정고시 출신으로 현재 첼로 전공으로 음대 입시를 준비 중이다.

　나는 단연코 학교에 가지 말라고 하고 싶다. 그 시간에 현실에 필요한 금융 교육, 인문학 강의 등에 더 많이 할애했으면 한다. 점점 더 치열해지는 세상 속에서 현명하고 지혜롭게 이겨내고 살아가길 바라기 때문이다.

첼로를 전공한 셋째 딸

59
나를 부자로
만들어준 대출

'가난한 자는 저축을 하고 부자는 대출을 받는다'는 말이 있다. 실제 나를 부자로 만들어준 것은 바로 은행 대출이었다. 은행 돈을 내 돈(사금고)처럼 활용해 현재 수십 억 원의 은행자금을 쓰고 있다. 순수하게 내가 가진 돈만으로 경매를 시작했더라면 틀림없이 실패했을 것이다.

금융 지식이 전무하고 대학 졸업 후 바로 유학을 다녀와 비즈니스 경험도 없는 내가 융자를 받아 아파트 투자부터 했더라면 그 한 채에서 끝났을 것이다. 반지하보다 많은 자금력이 동원되고 불황기에는 가장 먼저 직격탄을 맞는 것이 아파트이기 때문이다. 한 번 저지른 투자에서 실패 한 후, 왜 실패했는지도 모른 채 운 탓, 남 탓 하며 비판적인 현실을 지내고 있을 것이다. 다행히 반지하에만 투자해 도미노처럼 차근차근 올라 지금의 자리에 오게 되었다. 사실 처음 반지하에만 투자한 까닭은 너무 두려웠던 이유도 있었다. 낙찰받아본 것이 반지하가 전부인터라 다른 것에 눈을 돌리기가 두려웠다. 이때만 해도 큰 물건을 진행할 강심장이 못 되었기 때문이다.

당신의 금융 무지를 탓하라

금융적으로 무지한 가장들이 자신 본연의 한계는 인지하지도 못한 채 자신의 실패 원인을 남의 탓, 세상 탓으로 돌린다.

선택을 할 때 주변의 영향을 쉽게 받는 사람이 있다. 주체적으로 결정을 못하고 주변의 코치에 휘둘리는 것이다. 가장 가까운 사람의 어설픈 훈수에 마음이 동요되어 투자는 물거품이 되고 일상으로 돌아가서 안도의 한숨을 쉬게 된다. 실제 가까운 사람이 전문가도 아닌 데 말이다. '잘되면 내 탓이요. 안되면 네 탓이다'라는 말이 있다. 주변의 말은 의견이지 결정사항은 아니다. 그럼에도 불구하고 결과를 놓고 항상 '탓'만 하게 된다.

부자들은 본인이 판단을 한다. 제대로 된 조력자가 투자 수익률에 대해 명확히 설명하고 예측 가능한 사례들을 들어 투자를 권유하면 판단은 본인이 하는 것이다. 주변에 물어 할까 말까는 고민하지 않는다. 선택을 하고 실행을 하면 뒤돌아보지 않는다. 부자라고 모든 투자 결과가 다 성공하는 것은 아니다. 그럼에도 그들이 부자가 될 수 있는 이유는 '탓'을 하지 않기 때문이다. 실패하면 실패한 대로 리스크를 어떻게 더 줄일 것인지 고민하고 해결 방안을 세운다. 본인이 주체이기 때문이다.

부자가 되고 싶은가? 자신 인생의 주체가 되어라. 내 인생은 내가 만들어가는 것이다.

60 실패를 연구하라

창업의 고수 중국 알리바바의 CEO 마윈(미국에서는 '잭마'로 통한다). 하버드 대학 등 세계적인 대학을 돌면서 세미나를 할 때 늘 하는 말이 있다.

"창업을 하려면 성공을 연구하지 말고 실패를 연구하라."

창업하는 것은 쉬우나 99%가 실패하고 포기하기 때문이다. 따라서 실패를 연구하는 것이 성공적인 창업에 큰 도움이 되기 때문이다. 이 말은 어떤 시련이 와도 극복하고 말겠다는 결심이 서지 않는 사람은 창업하지 말라는 경고도 담겨 있다. 창업이란, 대부분 시작한 후 3년 안에 비명도 못 지르고 사라지며, 4%는 절벽에 간신히 매달려 있다 곧 떨어지고, 1%만 살아남아서 간신히 비틀거리며 걸어가는 것이라고 말한다.

금융도 마찬가지다. 쉽게 생각했다가 함정에 빠져 헤어 나오지 못한다. 대게 실패한 사람은 IMF 때 실패했다고 변명을 늘어놓는다. 다소 맞기는 하다. 30대 대기업 중 14개가 사라졌으니 말이다. 하지만 엄밀히 분석하면 위기 때 대응할 만한 금융 지식이 없어 실패했다고 표현하는 것이 맞을 것이다. 막연히 한방에 성공하려 했는데 금융위기까지 겹쳤으니 도저히 살아남을 수 없었던 것이다. 그러면서 모든 탓을 IMF로 돌린다.

공부를 잘해야 투자도 잘할까?

공부를 잘해 의대·법대 나왔다고 부동산을 우습게 여기는가? 공부 잘한 머리로 투자도 잘할 수 있을까? 부동산은 학문적 오만함으로 다가갈 수 있는 곳이 아니다.

학문적 이론으로 부동산에 투자하는 자는, 마치 공부는 잘하지만 수영 실력 없는 자가 호기롭게 바다에 뛰어드는 것과 같다. 자신이 초보라고 생각이 들면 겸손히 멘토를 만나 배워야 한다.

"그게 별거냐, 무식하고 못 배운 사람이 하는 경매쯤이야 나도 할 수 있어."

이렇게 큰소리치며 경매를 우습게 생각하고 달려들다가 어려움에 빠지고 쉽게 포기하는 경우를 주변에서 부지기수로 보았다. 그러고 난 후 그들이 하는 말이 다 비슷하다. 경매가 과열됐다느니, 거품이 꺼져 재미가 없다느니 하면서 본업으로 돌아가는 사람이 99%다.

특히 공무원, 선생님 등 공직자와 한 직장에서 오랫동안 근무하다 정년퇴임한 사람은 퇴직 후 불안공포에서 헤어 나오지 못하는 경우가 많다. 이미 다람쥐 쳇바퀴 돌리듯 실내에 길들여져 야생이 낯설기 때문이다.

이분들은 뭔가 해야 하는데, 여타 것들은 불안한 마음에 프랜차이즈를 선택하는 경우가 많다. 본사가 나를 지켜주는 기분, 테두리 안에 들어가야 맘에 놓이는 사람들이다. 하지만 세상은 그리 녹록지 않다. 나를 보호해주리라 믿었던 프랜차이즈 점포가 인테리어 비용만 날리고 실패하는 경우가 많기 때문이다.

이분들은 왜 실패할 수밖에 없었는지, 실패에서 무엇을 배웠는지도 모른 채 그저 운이 없었다는 말을 되뇌일 뿐이다. 단순히 운이 없어서 실패한 것이 아닌데도 말이다.

돈이 있어야
살아남을 수 있다

　사회는 열심히 공부해서 의사, 변호사가 되고, 좋은 직장 들어가라고 한다. 또한 이렇게 번 수입을 열심히 저축해서 부자가 되라고한다. 실제 우리나라 부자들을 분석해보면 소위 말하는 사회 지도층이 열심히 저축해서 부를 축적했을까? 저축만이 나를 부자로 만들어주는 유일한 길이라고 믿고 있을까?

　천만의 말씀이다. 금융의 원리를 터득한 사람은 저축하는 자들의 돈을 대출받아 부를 축적한다. 대출은 예금으로 들어온 자본을빌리는 형태이기 때문이다. 1.5~2%대 금리에 만족해 열심히 저축하는 사람들은 원금을 지키는 동시에 은행으로부터 이자도 받아일석이조라고 여긴다. 은행이 고마울 정도다. 내 돈으로 은행과 남들이 돈을 벌고 있다는 생각까지 미치지 못한다.

내가 가진 지식과 정보가 불안해 다수의 법칙에 따라가야 마음이 안심되는 사람들은 의식을 전환하지 못하면 평생 그 자리를 벗어날 수 없다. 자본주의는 정글사회다. 치열한 경쟁무대에서 살아남는 자만이 부를 움켜쥔다.

현실은 전쟁터다

현실은 칼만 안 들었지, 전쟁터나 다름없다.

처음부터 쓰레기를 치우고 분뇨차를 끌고 다니고 싶은 사람은 없다. 삶이 그렇게 만든 것이다.

세계에서 가장 강력한 컴퓨터는 두뇌라고 한다. 현재는 머리로 이기는 시대다. 힘으로 이기는 시대는 지났다. 율브리너, 커크 다그라스처럼 근육질 남자들이 성공하는 시대가 아니다. 요즘 남성 기업가도 여성적인 감성이나 소통 능력이 부족하면 살아남기 힘든 시대다. 그중 상상력과 추진력이 가장 큰 동력인 시대이며, 이는 일반인의 시각에선 괴짜로 보이는 이들이 살아남는 매개가 된다. 빛의 속도로 변하는 트렌드를 못 쫓아가면 언제든지 도태되고 살아남지 못한다. 특종과 낙종은 한 끝 차이다.

닮고 싶은 롤 모델을 찾아라

미국에서 가장 부자 중 한 사람인 샌더스 대령에 대해 들어보았는가? 이 이름이 생소하게 느껴진다면 KFC는 들어보았는가? 전 세계적으로 수천 개의 프렌차이즈 매장을 운영 중인 KFC 말이다. 이 KFC의 창업주가 바로 할랜드 데이비드 샌더스로 KFC 매장 앞에 서 있던 흰 수염 난 할아버지 마스코트의 주인공이다.

샌더스의 아버지는 5살 때 돌아가시고 어머니가 생계를 이끌어가야 했다. 3남매의 장남인 그는 어머니를 대신해 어린 시절부터 집안의 요리를 도맡

KFC 마스코트(샌더스 대령)

았으며 장성한 후에는 증기선 선원, 보험 판매원, 철도 공사원, 농부 등 다채로운 직업을 거쳤다.

그는 7학년(미국은 12학년까지 있음) 때 학교에서 중퇴했으며, 어머니는 재혼한 의붓아버지의 가정 폭력으로 집을 떠났다. 이 사건 이후 그는 기록부를 위조해 군대에 입대, 쿠바에서 복무했다.

샌더스 대령의 나이 마흔, 그는 요리를 해서 팔았다. 마땅한 식당이 없어 그가 살던 주유소 방 한 칸에서 요리를 시작한 것이다. 주요 손님은 주유하러 오는 손님이었고, 맛있다는 입소문이 나자 음식을 먹기 위해 일부러 찾아오는 이들이 늘어났다. 요리가 인기를 끌자 그는 정식으로 식당을 개업했고 이 후 9년 동안 그만의 닭튀김 조리법을 개발했다. 이것은 당시 널리 사용되던 팬 튀김 방식보다 조리시간이 빠른 압력튀김 방식이었다. 이렇게 식당의 운영이 잘되는 시절도 있었지만, 이후 식당 임대료, 직원들 월급 등 유지비가 급증하며 적자 더미에서 헤어나지 못하더니 급기야는 파산하고 말았다. 샌더스가 65세 때의 일이다. 이때 그의 손에 남은 것은 사회보장비 명복으로 켄터키 주 정부로부터 받은 100달러짜리 수표 한 장 뿐이었다.

다시 한 번 주먹을 불끈 쥔 샌더스는 자신의 요리법을 사줄 후원자를 물색하기 시작했다. 늙은 나이에 1,008회나 문전박대를 당했지만 드디어 1,009회째에 후원자를 만나 식당을 열게 되었다. 메뉴를 간소화해 빠른 시간에 음식을 제공할 수 있는 방법을 시행했고 이는 음식시장에 패스트푸드의 혁신적인 바람을 몰고 왔다. 그의 매장은 전 세계적으로 뻗어나갔다. 그는 수익금 일부를 장학금으로 자선단체를 조직하는 데 사용했는데, 2007년 한 해에 모인 기금이 100만 달러를 넘어섰다.

열정적인 삶을 살았던 그는 90세의 나이에 편안히 눈을 감았고, 그의 이름은 미국 비즈니스 명예의 전당에 올라 있다.

크게 생각하고 과감히 행동하라

미국의 대통령이자 세계적인 기업가 도널드 트럼프. 나는 개인적으로 트럼프를 좋아한다. 트럼프가 쓴 책을 다 읽어보았는데 그의 열정과 패기에 많은 영향을 받았기 때문이다. 특히 그의 저서 《빅씽킹》을 좋아한다.

크게 생각하라(Big thinking). 트럼프의 생활신조다. 지난 미국 대선에서 모두의 예상을 깨고 기어이 미국 대통령 자리까지 거머쥔 트럼프는 과감하게 생각하고 행동하는 '빅씽킹' 원칙을 성공 비결로 내세운다.

트럼프뿐 아니라 성공한 기업가들의 공통점은 자신의 원칙을 지키며 부동산 투자를 하며, 역발상을 한다는 점이다.

이는 모두가 비웃는 반지하 빌라가 나를 부자로 만들어준 롤 모델이 되었듯 말이다.

63 부동산, 수련과정이 필요하다

청소년기, 중국 무협 소설을 좋아했던 나는 만홧가게에 간 적이 많았다. 장편무협 소설에 심취해 여러 무협소설을 읽으며 중국 사람의 문화와 사고방식을 알게 되었다.

무협소설의 스토리는 대게 비슷하다.

무림의 강호 칼잡이에게 억울하게 부모(또는 가족)가 죽게 되자 그 아들이 복수를 꿈꾸며 스승을 찾아가 검법을 익힌다. 피나는 노력을 거듭하며 몇 년 동안 수련을 받으며 고수가 된 제자에게 스승이 이제 하산하라는 말을 건넨다.

"사부님, 제 아버지의 원수를 갚겠습니다."

주인공은 스승에게 절을 올린 후 칼 잡은 손을 다시 한 번 불끈 쥐며 발길을 재촉한다. 그 후 많은 고수들과 겨루며 내공을 쌓아 원수를 갚고 아름다운 아가씨를 만나 떠나는 해피엔딩이 주류를 이룬다.

장편 무협소설의 특성상 20권짜리 소설책도 있다. 만홧가게에서 몇 권 빌려와 읽다보면 흥미진진함에 밤새 책을 읽게 되고 어느새 새벽이 된다. 빌려온 책을 다 읽어 다음 편이 궁금한 탓에 잠을 이루지 못하고 뜬 눈으로 보낸 후 아침이 되자마자 서둘러 만홧가게로 뛰어갔던 적이 한두 번이 아니다.

수련과정이 필요하다

무협소설과 부동산의 공통점은 바로 수련과정이 필요하다는 것이다. 어설프게 배우고 실전을 저지르면 백전백패(百戰百敗)이기 때문이다. 본인의 실력보다 큰 것을 손대면 100% 실패한다.

일본 최고 검객의 인터뷰 장면이 잊히지 않는다.

"당신은 어떻게 일본의 최고 검객이 됐습니까?"

"저는 어려서부터 저보다 센 놈은 피하고, 약한 놈들만 골라서 싸웠죠. 그래서 내공을 쌓다보니 일본 최고의 검객(사무라이)이 되었지요."

비법을 묻는 진행자의 질문에 본인의 실력에 맞는 상대를 고른 것이 성공의 비결이었다는 검객의 대답은 내게 신선한 충격으로 다가왔다.

한탕주의를 주의하라

우리나라 남자들은 대개 한방에 성공을 하려고 덤빈다. 그리고 늘 IMF 때문에 망했다고 핑계를 댄다. 너무나 많은 사람들이 그렇다. 이런 답변을 듣고 있노라면 '자신을 변명할 줄 밖에 모르는 사람이구나'라는 생각이 들어, 한 편으로 불쌍하다는 생각이 든다. 마치 태권도 초보자가 훨씬 강한 유단자에게 패하고 자신의 실력 탓이 아니고 운이 없어서 패했다고 말하는 것과 다를 게 없다.

투자는 의사나 변호사처럼 학문적으로 공부를 많이 했다고 잘 하는 분야가 아니다. 오히려 초등학교 출신 중 실전 경험이 많은 사람이 훨씬 잘하는 경우가 많다. 학창 시절 공부 잘해서 의사, 변호사가 되어 학문적 오만함으로 투자를 했다간 큰코다치는 경우가 허다하다.

투자의 기술을 점심 한 끼 먹으면서 조언을 구하면 된다고 믿는 사람들도 위험하다. 마치 실력은 쌓지도 않은 채 "어떻게 하면 검을 잘 쓸 수 있어요?"라고 묻는 것이나 다름없다.

만일 내가 반지하를 우습게 알고 아파트만 경매 투자했더라면 어설픈 칼잡이가 무림의 고수에게 칼 맞아 죽는 것처럼 패했을 가능성이 높다.

금융기술 즉, 돈을 다루는 기술은 이론이 아닌 실전 경험이 훨씬 중요하다. 수영을 이론으로 배울 수 없듯, 돈 굴리기는 실전이며 생각이 아닌 행동의 영역이다. 행동을 취해 성공과 실패를 겪으며 성장하는 것이다.

학교에서는 이론만 가르친다. 온실의 화초처럼 저축, 보험에 가입하라고 한다. 야생에서 돈을 벌 수 있는 무궁무진한 기회에는 관심조차 주지 않은 채 그저 저축을 하라고 한다. 이러니 어떻게 금융교육이 제대로 이뤄진다고 말할 수 있는가?

64 투자는 늘 적은 것부터
내공을 쌓아라

앞서 부동산은 수련과정이 필요하다고 말씀드렸다. 차근차근 거치며 수련과정에서 내공을 쌓아야 경지에 도달할 수 있다. 반지하 100개면 단독주택 1개, 다시 단독주택 100개면 호텔 1개가 되는 순서로 쌓아가야 한다. 하지만 현실은 실력도 없는 초보가 처음부터 수억 원짜리 아파트로 시작하니 어찌 무사할 수 있겠는가?

반지하 빌라는 전국 어디나 있다. 찾아가면 된다. 물론 너무 썩어버린 반지하 빌라도 있다. 이는 임장(현장을 찾아가 살핌)을 통해 물건을 철저히 분석해 그만큼 싸게 낙찰받으면 되며, 적은 금액인 탓에 리스크가 크지 않다. 하지만 아파트라면 얘기가 다르다. 한 방에 날아갈 수 있는 것이다.

반지하 빌라가 없으면 반지하 상가도 있다. 물건이 없다고 하소연하기 전에 당신이 발 벗고 손 걷어붙이고 뛸 준비가 되었는지 먼저 따져보라.

명절에 쓰레기를 치운 분당 상가

2002년, 분당 이마트 옆 정자동 아파트 단지 내 지하 슈퍼, 채소가게가 경매로 나온 적 있다. 실 평수 4평, 9평인 2개의 물건이다.

3,000만 원의 감정가인 4평 상가는 300만에, 1억 원의 감정가인 9평 상가는 900만 원에 낙찰받았다. 이마트가 들어서며 망해버린 상가라 입찰자가 없었다. 현장은 야채 쓰레기가 산더미로 쌓여 있고 이로 인해 악취가 진동하고 있었다.

때는 마침 추석 명절이었다.

명절날 아침, 혼자 내려가 하루 종일 쓰레기를 치웠고, 공동화장실을 청소했다. 채소 쓰레기를 퍼 담는 동안 몸에 땀이 주르륵 흘렀고, 상할 대로 상한 채소에서 악취가 진동하는 물이 줄줄 샜다. 고된 노동과 악취에 현기증이 날 정도지만 개의치 않았다. 이 정도 각오는 이미 하고 있었다. 쓰레기 치우는 작업이 이틀 동안 계속됐다.

쓰레기가 치워지자 물걸레로 전체를 쓸고 닦은 후 페인트를 사와 내부와 입구를 칠했다. 전기조명을 갈아 끼우고 나니 깨끗한 사

쓰레기 더미에서 백조로 재탄생한 지하상가

무실로 변했다. 명절 연휴라 제재하는 사람이 아무도 없는 점이 오히려 나았다. 혼자 최선을 다해 치우고, 칠하고, 전기를 교체하니 처음 상태와 완전히 다른 모습으로 탈바꿈했다.

이렇게 깨끗하게 꾸며놓고 임대를 내놓았고 바로 사무실로 임대되어 받은 보증금으로 투자금 전액을 회수하게 되었다. 이곳은 15년 동안 계속해서 40만 원씩 월세를 받고 있다. 즉, 15년 동안 돈 한 푼 안 들이고 7,200만 원을 월세로 받고 있다.

이런 것이 우습다고 생각되는 분은 투자에 실패할 확률이 높다. 바로 이런 과정을 거쳐야 진정한 고수로 거듭나기 때문이다.

65

당신의 적은
두려움이다

　분당 상가 이후에도 죽은 상가를 싸게 낙찰받아 성공시킨 지하 상가가 수두룩하다. 미운 오리 새끼를 하얀 백조로 바꾼 것이다. 하지만 모든 상가가 다 성공한 것은 아니다. 수원 정자동에 실 20평인 오픈형 지하상가를 500만 원에 낙찰받고 쓰레기를 잘 치우고 칸막이도 해놓았으나 완전히 상가가 죽어버려 지금도 재산세만 내고 있다. 하지만 이를 낙찰 실패라고 생각하지 않는다. 값진 경험으로 얻은 게 더 많기 때문이다. 즉 실패를 경험해야 실패하지 않는 법을 터득할 수 있다.

　지금 나는 호텔, 모텔, 병원, 무인텔, 공장, 펜션 등을 하고 있다. 수익률이 평균 60% 이상이다. 이 모든 게 반지하에서 시작한 성공과 실패의 내공이 뒷받침된 덕분이다. 이제는 어떤 것을 낙찰받아도 두렵지 않다. 경매에 거품이 꼈느니 하며 변명하는 사람들은 뭘 해도 두렵기 때문에 포기하는 것이다.

두려움은 자신을 가둔다

두려움은 대부분 불안감에서 나온다. 확신할 수 없는 섣부른 의심은 목표로 향하는 길을 가로막는 장애물이다.

세상은 나 혼자가 아니다. 자신이 감당한 삶의 무게를 혼자 떠안고 고민의 늪에 빠져 허우적대지 말고 주위를 한번 둘러보자. 당신이 그 어떠한 두려움과 마주하더라도 누군가는 당신과 같은 경험을 하고 이미 극복했을 것이다. 그들이 해냈다면 당신도 할 수 있다. 그래서 멘토가 필요하다.

멘토를 따라 두려움이라는 감정을 컨트롤해 멋진 인격체로 거듭나게 할 것이냐, 두려움 속에서 허우적대며 자신이 파놓은 암흑의 동굴에 갇혀서 스스로를 후퇴와 실패의 궁지로 내몰 것이냐는 당신의 선택에 달려 있다.

되는 사람은 되는 이유를 찾고 안 되는 사람은 안 되는 이유만 찾는다고 했다. 같은 주제를 놓고도 되는 이유로 실천에 옮기는 사람이 있는가 하면 마음의 문을 꽁꽁 닫은 채 안 되는 이유만 찾는 사람이 있다.

66

용기를 내면
열정이 생긴다

기쁨, 슬픔, 사랑, 증오 등등 사람의 감정은 다양하다. 그럼 '돈'에 대해 사람들은 어떤 생각과 감정을 나타낼까? 난 돈을 실탄에 비유를 많이 한다. 돈이 갖고 있는 파워는 이루 말할 수 없을 정도로 대단하다. 돈의 유무에 따라 현실에서 느끼는 감정은 매우 상반적이다.

돈이 많아 온기가 가득한 집을 갖고 있는 자는 아무리 추운 겨울일지라도 큰 두려움이 없다. 어떻게 이 겨울을 보내야 할지 걱정하지 않는다. 오히려 어느 곳에서 스키를 탈까, 연말 파티는 어디서 할까 등 멋진 겨울을 어떻게 하면 더 낭만적으로 보낼까하는 고민할 것이다. 반면 돈이 없는 자는 추위를 견디기 위한 걱정과 두려움으로 많은 시간을 할애하고 육체적으로 더 힘든 생활을 해야 할 것이다.

어린 시절, 추운 겨울을 지내는 동안 뼛속까지 아리게 했던 한기와 고픈 배를 움켜잡고 지내야 했던 시간을 나는 지금도 기억한다. 그때를 생각하면 아직도 시리고, 아프고, 힘이 든다. 그런데 혹독한 추위보다 더한 것이 따로 있다.

바로 빚에 쫓기는 삶이다. 이들은 불안감, 공포감, 스트레스의 압박에 결국 극단적인 선택을 하는 경우도 많다.

이런 냉혹한 현실의 두려움을 느끼기에 우리는 직장을 찾아 헤매고, 돈을 벌려고 애쓰며 안정된 삶을 살기 위해 부단히 노력한다. 젊을 때 고생은 사서도 한단 말처럼 몸을 희생하며 돈을 위해 살아간다.

하지만 나이가 들어 몸이 예전 같지 않고, 받아주는 곳이 없을 때는 어떻게 하루를 버티며 살아가야 할까. 이들 중 젊었을 때의 화려함을 잊지 못해 구구절절 지난 얘기만 늘어놓는 노인들도 많다. 하지만 과거는 과거일 뿐, 누구도 인정해주지 않는다.

가끔 "돈 많이 버세요"라고 말하면 "저는 지금이 행복해요. 돈은 그다지 필요한 것 같지 않아요"라는 말을 하는 사람이 있다. 과연 제정신인가 싶다.

내가 돈만 밝히는 속물이라고 느껴지는가? 실제 살아보면 돈 보다 가치 있는 것이 얼마든지 있다고 말하는 사람은 부처요, 석가

모니다. 불행하게도 인간은 근성은 아직 이 경지에 도달하지 못한 것이 사실이므로 돈 없이도 행복하다는 것이 과연 사실일까 의구심이 든다. 물론 법정스님처럼 해탈의 경지에 오르신 분은 돈 보다 더한 깨달음을 얻으셨겠지만, 이 경지까지 오른 일반인이 얼마나 되겠는가.

사실 돈이 필요 없다고 말하는 이들의 내면을 내가 정확히 알 수는 없다. 두렵고 불안하지만 말이라도 이렇게 함으로써 얻는 일시적인 위안인지, 현실을 직시하지 않고 회피하려는 비겁함인지 말이다. 하지만 이들의 진짜 속마음은 돈을 원한다고 본다.

돈이 있어 마음의 여유가 있는 사람들과 달리 돈이 없는 사람들은 마음의 여유를 누릴 시간조차 없다. 나이 탓, 부모 탓, 자식 탓, 시간 탓 하며 부정적인 시각에 휩싸여 남 탓만 하다 생을 마감한다.

인생은 괴롭고 누구나 두려운 감정을 갖고 세상을 살아간다. 자, 오늘부터 조금만 용기를 내어보면 어떨까. 두려움에 용기를 내면 열정이라는 감정이 생긴다. 열정이 생기면 활력이 생겨 삶이 즐거워진다. 이 종이 한 장 차이의 감정 변화는 당신의 인생에 상상을 초월할 변화를 갖다 준다.

길을 잃은 사람들의 흔한 핑계는 '그걸 하기엔 내 나이가 너무 많다' 또는 '난 너무 어려서'다. 움직이지 않으면 꿈을 이룰 수도, 부자가 될 수도 없다. 흔한 핑계에 꿈을 묻지 말라.

67 포기하지 말라

20세기 가장 뛰어난 정치가 중의 한 사람인 윈스턴 처칠.

그런 그가 중학교 때 3년이나 진급을 못했다. 영어에서 늘 낙제점을 받았기 때문이다. 또한 육군사관학교에 들어가지 못해 포병학교에 입학했는데, 이것 역시 실력이 아닌 명문의 자제라는 특전 덕분이었다.

이런 그가 먼 훗날 옥스퍼드 대학의 졸업식에서 축사를 하게 되었다. 처칠은 우레 같은 박수를 받아가며 위엄 있게 연단에 올라 천천히 모자를 벗어놓고 청중을 바라보았다. 청중을 숨소리를 죽이며 그의 말을 기다렸다.

"포기하지 말라(Don't give up)."

이것이 그의 첫 마디였다. 그리고 처칠은 청중석을 둘러보았다. 사람들은 조용히 그의 다음 말을 기다렸다. 처칠은 목청을 가다듬고 다시 소리쳤다.

"절대 포기하지 말라!"

이 두 마디를 외친 처칠은 위엄으로 가득 찬 동작으로 연단을 걸어 내려갔다. 이윽고 청중들이 우레 같은 함성과 박수가 쏟아졌다.

포기는 죽음이다

1939년, 영국 체임벌린 내각은 독일과 협상을 벌여 전쟁의 전면전은 피하자는 것이 전략이었다. 그러나 협상의 결과는 대책 없는 양보뿐이었다. 히틀러는 협상의 대가로 유럽의 국가들을 하나씩 요구했고 체코슬로바키아, 헝가리, 폴란드, 오스트리아 등 동유럽 국가들과 베네룩스 3국, 그리고 마침내 스칸디나비아 반도마저 독일의 손아귀에 떨어졌다. 러시아는 독일과 불가침조약을 맺은 상태였고, 바다 건너 미국은 물자는 지원해도 참전은 어렵다며 한발 물러서 있었다. 유일한 동맹국 프랑스마저 굴욕적인 휴전을 준비하고 있었다.

이제 영국은 독일의 속국이 되느냐 아니면 맞서 싸우느냐를 선택해야 했다. 비상시국을 맞아 여당인 보수당과 야당인 노동당은 여야를 막론한 전시 내각을 구성하기로 합의, 총리를 선출했다. 이때 선출된 총리가 바로 윈스턴 처칠이다. 히틀러가 이끄는 독일군과의 전쟁에서 일촉즉발의 위기상황에 영국의 총리가 된 것이다.

"내가 국민 여러분께 드릴 수 있는 것은 오직 피와 노고, 땀과 눈물뿐입니다. 바다와 땅과 하늘에서, 하느님이 우리에게 주신 모든 능력을 동원해 싸우는 것이 우리의 정책입니다. 우리의 목표는 승리입니다. 어떤 대가를 치르고서도 승리하는 것뿐입니다."

독일군에 맞서 싸우기로 결정한 1940년 5월 13일, 하원에 출석한 처칠이 남긴 연설이다.

독일 공군기가 최초로 런던을 공습한 후에도 BBC 라디오를 통해 처칠은 전 영국인에게 연설을 했다. 공습의 공포에 질린 채, 숨죽여 라디오를 듣고 있던 런던 시민들에게 처칠의 연설은 마법 같은 힘을 발휘했다. 런던 시민은 이후 4만 3,000여 명의 사상자를 내고 전 시민의 1/4의 집을 잃은 9개월간의 대공습을 의연하게 버텼고, 영국 공군은 나치의 공격을 막아냈다. 예상외로 끈질긴 영국 공군의 저항에 부딪혀 독일은 영국 본토를 침략한다는 계획을 단념할 수밖에 없었다.

2차 세계대전 당시 불가능해 보였던 독일군을 물리칠 수 있었던 것은 바로 포기를 모르는 윈스턴 처칠의 신념이 원동력이 되었다. 이런 정신을 받은 영국군은 죽을 각오로 싸워 독일군을 격퇴할 수 있었고, 영국에 부강한 자유민주주의를 선사할 수 있었다.

너무 쉽게 포기한다

경매 투자로 많은 수익을 올리며 경제적 자유를 찾은 나를 보고 주위에서 부러워한다. 비법을 전수받고 싶다며 찾아오는 제자(?)도 있다.

"포기하지 않고 3년 동안 따라다닐 자신 있습니까?"

이렇게 딱 한마디 물으면 그들은 충분히 잘할 수 있다며 고개를 연신 끄덕인다.

"오늘은 ○○ 임장 갈 것이니 거기서 만나요."
"네, 선생님."

전화 통화를 한 제자와 현장에서 만나 여기저기 살펴보며 주의할 점을 알려준다. 임장은 주변 제반사정을 같이 봐야 하므로 가급적 차는 두고 간다. 당연히 걷는 거리가 많아진다. 뜨거운 한 여름이나 매서운 추운 겨울도 마찬가지다.

'따르릉… 따르릉….'

신호는 가는데 전화를 받지 않는다. 그동안 경험상 이런 경우는 미루어 짐작이 가능하다.

'포기했구나….'

실제로 배우겠다고 나를 찾아오는 이는 몇 있었으나 끝까지 하는 사람은 없다. 때론 나를 찾아왔다가 반지하보다 그럴싸해 보이는 아파트 경매에 혹해 한 방에 돈을 넣었다 이러지도 저러지도 못하는 사람도 있다.

나를 닮고 싶다고 찾아왔으면서 내가 어떻게 돈을 벌었는지는 벌써 잊었나 보다. 이런 사람들은 밥을 굶어봐야 정신을 차릴 것이다.

곰팡이 핀 벽, 더러워진 변기를 닦을 각오로 임해야 한다.

움직이지 않는 자, 기적을 바라지 말라

미국 작가 시어도어 드라이저가 쓴《아메리카의 비극》이란 책을 보면 가장이 무기력하고 무능력할 경우, 집안의 결말이 어떻게 끝나는지 여실히 보여준다.

이 책은 미국의 자연주의 작가 드라이저가 지은 장편 소설이다. 종교와 가난 때문에 심한 제약을 받고 자란 주인공 크라이드의 목표는 오직 상류사회다. 부호의 딸 손드라와 야심 찬 결혼을 하려다가 자신이 사귀었던 여직공 로버타가 임신을 하자 그녀를 호수로 유인해 살해하지만 결국 체포되어 사형당한다는 내용으로, 젊은이들의 입신출세욕을 그려 미국 사회의 비극적인 모습을 비판한 작품이다.

책의 배경이 내가 자라온 환경과 비슷해 기억에 오래 남는다.

우리 아버지는 절실한 기독교 신자시다. 집이 가난했으나 처자식 굶기고 싶지 않은 마음에 노동을 많이 하셔서 얼굴에 여유가 없었고, 늘 피곤에 찌들어 있었다. 형편이 나아지지 않은 탓에 부모님께서 7남매인 우리들을 돌보고 살필 여유가 없어 우리들은 각자 아등바등 살아가야 했다. 그래서 나 또한 중학교 1학년 때 학교를 그만두고 닥치는 대로 일을 하며 살았던 것이다.

몸이 부서져라 외판원과 메리야스 판매를 했지만, 삶은 나아지지 않았다. 대학교수가 되면 멋진 인생을 쟁취할 줄 알았는데 유학까지 다녀온 뒤에도 반지하를 벗어나지 못했다.

누구나 고민이 있고 아픔이 있다. 하지만 이걸 딛고 일어나는 사람이 있는 반면, 여전히 고민만 하며 골골대는 사람도 있다. 4,000만 원의 빚에 5식구가 반지하에 살면서도 서울대 음대 졸업에 프랑스 유학까지 다녀온 체면만 내세웠다면 오늘의 나도 없다. 어떻게든 상황을 돌파하려 부단히 움직인 것이 지금의 나를 만들었다.

우유 통에 빠진 개구리

개구리 2마리가 점프를 하다가 그만 우유 통에 빠지고 말았다. 그런데 두 개구리의 반응이 아주 달랐다.

한 놈은 벽이 미끄럽고 우유통도 깊으니 모든 것이 끝났다고 체념했고, 얼마 못 가 죽고 말았다.

그러나 다른 한 놈은 여기서 그냥 죽을 수 없다고 생각하고 밤새 도록 쉬지 않고 뛰어올랐다. 발끝에 힘을 주고 힘차게 입구를 향해 뛰다 보니 어느새 발아래 딱딱한 것이 만져졌다. 바로 버터였다. 힘차게 뛰어오르기를 수백 번 반복하며 우유를 휘젓자 우유가 밤새 굳어 버터로 변했던 것이다. 이윽고 개구리는 단단하게 굳은 버터를 디디고 뛰어올라 밖으로 나올 수 있었다.

탈무드에 나오는 이야기로 희망을 갖는다는 것은 곧 가능성을 믿는다는 것이다.

가능성이 보이는데 한두 번 실패했다고 포기하면 안 된다. 계속 뛰어오르다 보면 조금씩 내 주변의 환경을 변화시키게 된다. 두 다리의 근육은 강해지고, 내공이 쌓이게 된다.

우유가 버터로 변하는 것은 기적이 아니다. 포기하지 않았기에 일어나는 당연한 변화일 뿐이다.

아침 있는 삶을 살라

요즘 사회적 화두로 등장한 '저녁이 있는 삶.'

저녁에 일찍 퇴근해서 가족들과 도란도란 즐거운 식사를 할 수 있는 삶을 이야기하는 것으로 무척 낭만적이고 아름답다.

하지만 이런 가정이 몇이나 있을까?

저녁이 있는 삶을 살지 못하는 이유는 무엇일까?

쳇바퀴 도는 삶, 반복되는 야근으로 아이들이 아빠 얼굴 보기 힘든 가정이 많다. 중·고등학생들은 좋은 대학을 가기 위해 학원을 몇 군데씩 순회해서 늦게 귀가한다. 대학생인 아이들은 취업 준비에 저녁을 함께하지 못한다. 엄마들도 살림에 조금이라도 보탬이 될까 해서 일터로 향한다. 이런 상황에서 어떻게 저녁이 있는 삶이 가능할까?

저녁 삶 이전에 아침 삶이 있어야…

저녁이 있는 삶을 살고 싶은가? 그렇다면 먼저 아침이 있는 삶이 필요하다. 즐거운 마음으로 기대에 찬 눈으로 아침을 맞을 수 있는 그런 삶 말이다.

고(故) 정주영 회장은 아침이 더디 오는 것이 화가 났다고 한다. 빨리 일터로 가서 해야 할 일이 있는데 왜 아침은 이렇게 더디 오느냐고 말이다. 아침에 눈뜨고 싶은 삶, 빨리 일어나고 싶은 삶이 있어야 저녁이 있는 삶이 가능하다.

저녁에 잠이 들면서 제발 아침이 오지 말았으면 하고 잠드는 사람들이 많이 있다. 사업 자금 조달에 시달리고, 빚 독촉에 시달리고, 학자금 조달에 시달리고, 내일은 또 어떤 회사에 원서를 내야 하나 고민하는 사람들은 결코 저녁이 즐겁지 않다.

출근할 수 있는 직장, 그것도 내가 즐기며 일할 수 있는 일터가 있어야 한다. 가장이라는 무거운 짐을 두 어깨에 지고 몸이 부서지도록 일만 하는 곳보다 내 능력을 발휘하고 성장할 수 있는 그런 일터가 있어야 한다. 즐겁게 만나고 싶은 사람들이 있어야 한다. 오늘은 좀 힘들지만 내일은 나아질 것이라는 희망을 줄 수 있어야 한다.

오늘 저녁이 아니라 내일을 꿈꿀 수 있는 세상이 먼저다.
내일이 불안하면 결코 오늘이 즐거울 수가 없다.

부자가 되고 싶은 자,
학교에 가지 마라

70 나를 부자로 만들어주는 길은 따로 있다

이 책은 경매 책이다.

경매 책에 웬 교육적인 얘기를 늘어놓는지 의아할 수 있다. 내가 살아온 세월을 뒤돌아보니 예능에 그렇게 많은 노력을 기울였음에도, 나를 부자로 만들어준 것은 예능이 아니었다. 서울대 음대, 프랑스 유학까지 다녀왔음에도 나를 부자로 만들어준 것은 바로 경매였다.

우리가 부를 이루는 지름길이라고 믿고 배우는 교육이 실질적으로 나를 부자로 만들어줄 수 있는 것인가를 반문해봐야 한다. 물론 "세상에서 공부가 가장 쉬웠어요"라고 말하는 사람은 공부가 적성이고, 체질이다. 이런 사람들은 공부를 해야 한다. 하지만 그 외대다수 사람들은 본인의 적성에 맞지도 않는 공부를 한다. 사회적

체면, 주위의 시선, 남들의 스펙에 뒤처지지 않기 위해 그들과 같은 길을 걸으려 한다.

맹목적인 교육보다 차라리 홈스쿨링을 하면 어떨까?

"Don't go to school!"

나는 이렇게 외치고 싶다. 학교를 가지 말라니 너무 심한 말 같은가?

과거 내가 잘한 일 중 한 가지가 바로 중학교 1학년 때 학교를 때려치운 것(물론 가난도 이유였지만)이다. 만약 그때 뛰쳐나오지 못했더라면 다른 세상이 존재한다는 것을 모른 채 세상 탓, 부모 탓, 운 탓을 하며 삶에 굴복해서 체념한 채 살고 있을 것이다.

천편일률적 외우는 공부는 그만

나는 어렸을 적부터 음악을 무척 좋아했다. 심지어 4살 때 흥얼거리며 작곡도 했던 기억이 생생하다. 집안의 가난으로 독학과 만학의 과정으로 검정고시를 거쳐 서울대 음대 기악과에 입학했다. 입학생들은 거의 예고 출신(특히 서울예고 출신)이 90%였다. 지방 예고 졸업으로는 도저히 들어올 수 없는 곳이 서울대 음대라는 관념에 우선 서울대 음대를 가려면 서울예고부터 입학해야 한다고들 했다.

내가 대학 3학년 때 일이었다.

서울의 어느 대학 피아노 전공 학생들과 커피숍에서 커피를 마시고 있었는데, 내가 좋아하는(실제 만인이 좋아하는 곡이다) 베토벤 심포니 NO.5 〈운명〉의 3악장이 나오고 있었다. 나는 호기심 반 진담 반으로 피아노 전공학생에게 이 음악이 누구곡인지 맞춰보라고 했다. 그 학생은 고개를 갸우뚱거리며 귀를 귀울이다 도저히 모르겠다고 했다. 충격이었다. 아무리 오케스트라 전공이 아니더라도 이 곡쯤은 알고 있으리라 생각했던 나의 순진한 생각은 기막힌 현실로 다가왔다. 과연 이 학생만 그럴까?

세월이 흘러 지금 돌이켜보니 아마도 그 학생은 기계적으로 피아노 기술을 연마한 것이고, 음악이란 예술을 포괄적으로 이해하지 못한 상태에서 레슨만 받았으리라 추측된다. 교육적 이상은 저 멀리 둔 채 당장 외우고 익히는 것이 급선무인 현실인 것이다.

우리나라 교육제도의 맹점

내 능력을 발휘하고 성장할 수 있는 일터를 얻으려면 무엇부터 해야 할까? 바로 자신이 잘하는 일을 찾는 것이다. 하고 싶어 잠이 안 오는 일을 찾아야 한다.

사람은 누구나 자신이 원하는 일, 제일 잘하는 일을 하고 싶다. 원하는 일은 최선을 다하게 되고 그 과정에서 꿈과 열정이 생긴다. 열정 있는 삶은 활력이 넘친다. 두 눈이 반짝이며 생기로 가득 차 있다.

간혹 사람들은 "어떻게 잘하는 것만 하고 살 수 있느냐, 세상이 그리 녹록지 않다"란 말을 한다. 이 말도 일리는 있지만 전적으로 동감하지는 않는다.

골프의 박세리, 피겨의 김연아, 첼로의 장한나, 축구의 손흥민, 프리마돈나 조수미 등 우리나라를 빛낸 각계의 별들이 무수히 나왔고 또 나올 것이다. 이분들의 공통점이 무엇인가?

바로 '본인이 잘하는 것'을 하며 살고 있지 않은가!

미래를 위해 현재의 행복을 반납하는 학생들

저녁 9시가 넘은 시간에 초등학생 아이들이 자기 몸뚱이만한 책가방을 하나씩 메고 학원 차를 기다리는 모습은 언제부턴가 굉장히 익숙한 풍경이다. 학교 시설은 더 좋아졌지만 텅 빈 놀이터와 아이들의 웃음소리가 줄었다. 반면, 지친 아이들로 꽉꽉 채워져 있는 수많은 학원 빌딩들과 매년 수능 이후에 뉴스에 나오는 학생들의 자살 소식들.

프랑스 신문 〈르몽드〉는 한국 아이들을 '성적은 우수하지만 세상에서 가장 불행한 학생들'로, 한국의 교육시스템을 '세상에서 가장 경쟁적이고 고통스러운 교육'으로 표현했다. 또한, 2000년도부터 3년마다 전 세계 아이들을 대상으로 하는 OECD 학업성취도 평가에서도 한국 학생들은 매번 문제 풀이에서는 뛰어난 성적을 내지만, 학교에서의 행복수치는 최하위로 지속적으로 나타났다.

72 서열화와 석차를 위해 창의성을 짓밟는 교육

우리나라 교육을 대표하는 단어 '입시 위주 교육', '주입식 교육'. 단어에서 알 수 있듯이 우리의 교육은 각 학생들의 다양성을 존중하고 적성과 흥미를 찾아가기보다는 획일적인 잣대로 대학교 입학을 위한 시험성적 만들기를 최고 목표로 한다. 이러한 획일화된 교육은 아이들이 주체적으로 생각하지 못하도록 막는 것은 물론, 본인의 장·단점과 적성에 대해 고민할 기회와 다양한 재능을 발견할 기회를 박탈한다.

대규모의 학생들의 석차를 매기기 간편하도록 시험은 한 가지다. 바로 수능 위주의 '정답'만이 있는 객관식이다. 초·중·고 교육과정을 거치며 외우고 또 외우는 것은 결국 수능점수를 잘 받기 위해서다. 따라서 시험에 비중 있는 과목들 중심으로 교육이 이루어지기 때문에 나머지 비주류 과목들은 괄시를 받고 각 개인의 적성은 무시된다. 몇 가지 분야에서 굉장히 뛰어난 아이일지라도 도태되기 쉬우며, 수동적으로 잘 외우고 수능에서 비중이 있는 과목에 대한 시험을 잘 보는 학생들이 성공하는 시스템이다.

또한 0교시, 자율학습 등으로 새벽부터 밤늦게까지 교실에 붙잡다두고 석차를 매기면서 경쟁을 시키는 우리의 교육 시스템은 내가 생각할 수 있는 유일한 장점인 인내심과 성실함을 채득하도록한다. 하지만 이것은 요즘 시대에서 가장 필요한 창의성과 자율성을 배양하지 못하는 결과를 가져온다.

카르페 디엠(Carpe Diem)

'카르페 디엠', 영화 〈죽은 시인의 사회〉에서 키팅 선생님이 학생들에게 해줬던 명대사다. 많은 사람이 좌우명으로 삼을 정도로 유명한 이 대사는 '지금 살고 있는 현재 이 순간에 충실하라'는 뜻의 라틴어에서 나왔다.

현재 우리나라 교육은 정반대로 향하고 있다. 언제 올지도 모를 미래에 행복하기 위해서 지금 누릴 수 있는 행복은 당연히 희생해야 성공한다고 배우며 살아간다. 하지만, 그렇게 학창 시절의 행복을 희생해서 얻은 것이 있나 깊이 생각해봐야 한다. 공부에 대한 열정과 투자는 세계 최고이지만, 노벨상 수상자(노벨 평화상 제외) 하나 없고, 매번 행복도 조사에서 최하위의 성적과 가장 높은 자살률을 기록한다.

공부는 자신을 찾아가는 수단이고 과정이다.

본인이 무엇을 할 때 가장 행복한지, 향후 사회의 한 구성원으로서 어떤 기여를 하고 가치를 창출할지, 탐구하는 시간과 자유가 필요하다. 부모들은 아이를 학원과 무의미한 경쟁의 늪에서 빠져나오게 할 용기와 뚜렷한 가치관을 지녀야 한다. 정답만을 고집하는 획일적인 잣대에서 벗어나 오늘의 행복을 만끽할 줄 알고, 본인의 내면의 목소리를 따라갈 수 있어야 한다.

열정을 분산시키는 짓은 제발 그만하자

유명한 대스타들 상당수가 어렸을 적부터 일찍 조국을 떠나 외국으로 나갔다. 예외적으로 우리나라 피겨 최초 올림픽 금메달리스트 김연아 선수는 국내파다. 과연 김연아가 학교 교과 과정을 정상적으로 밟고, 출석일수를 제대로 채워가며 연습했더라면 그 큰 무대에서 금메달을 딸 수 있었을까? 국민에게 물어보면 대다수 'NO'라고 대답할 것이다. 정규 과목을 모두 이수하면서 한 분야에서 세계 최고가 되라고 강요하는 것은 미련하다고 생각한다.

하지만 현재 우리는 어떠한가.
뻔한 결과를 알면서도 미련한 짓을 계속하지 않는가?
강요만 하는 획일적인 교육을 주입하면 창의성도 열정도 사라진다는 것을 알면서도 미련하게 계속하고 있지 않은가 말이다.

우리 모두는 태어날 때부터 창조성을 갖고 태어난다. 하지만 많은 사람들이 크면서 많은 창조성을 잃게 된다. 대개 나이가 들어감에 따라 안 좋은 방향으로 자신의 습관들을 발전시키거나 마음속으로 한계를 정해놓고 시작한다. 그리고 그 한계점을 조금만 넘으면 불안해하고 겁을 낸다.

당신은 '코끼리 사슬 증후군'에 갇혀 있는 것이다.

코끼리 사슬 증후군

코끼리가 태어났다. 사람이 이 어린 코끼리를 데려다 사슬로 묶은 후 말뚝에 매어놓았다. 어린 코끼리는 사슬에서 자유로워지려고 발버둥 쳐보았지만 사슬을 끊거나 말뚝을 뽑을 수 있는 힘이 없었다. 그래서 결국은 안 된다며 포기하는 생각이 어린 코끼리 마음속 깊숙이 자리 잡게 되었다.

이제 이 어린 코끼리가 어른이 되었다. 몸집도 어마어마하게 커져 이제는 상상할 수 없는 엄청난 힘으로 사람도 실어나르고 커다란 통나무도 거뜬히 운반한다. 그럼에도 불구하고 원래의 사슬과 말뚝에만 묶이면 꼼짝도 못하고 얌전히 잡혀 있다. 현재의 몸은 충분히 성장해 강력한 힘을 가졌음에도 불구하고 생각은 그대로 과거에 머무르고 있는 것이다. 그래서 사슬이 당기면 어렸을 때 주었던 힘밖에는 더는 줄 수가 없다.

학교는 필수코스가 아니다

현재는 기술 혁명의 시대다.

당신이 성공하는 데 필요한 모든 것들을 당신 방 안에서 당신의 손끝으로 편하게 얻을 수 있다. 먹고 살기 어려운 시절에는 성공하는 데 도움이 되는 기술을 배우기 위해 대학을 가는 것이 어쩌면 당연한 믿음이었지만, 지금은 전혀 사실이 아니다. 당신이 학교에 내는 금액의 일부로 당신이 원하는 그 어떤 과목이나 기술들을 배울 수 있고, 필요하면 완벽한 조언과 코칭을 집에서 받을 수 있다.

괜히 학교에 간답시고 시간과 에너지를 낭비해가며 열정을 분산시키지 말자.

74

우리 교육이 빚어낸
한국기자의 대 굴욕

2010년 11월 12일.

미국 오바마 대통령은 G20 수뇌회의가 끝난 뒤 기자회견을 열었다. 그리고 마지막 문제는 주최 측인 한국 기자들에게 질문할 수 있는 발언권을 주었다. 그러나 한국 기자들 중에서는 질문하는 기자가 아무도 없었다. 한동안 어색한 침묵이 흘렀다. 그때 중국 CCTV의 루이청강이 일어났다.

"저는 중국에서 왔습니다. 제가 전 아시아를 대표해서 질문하겠습니다."

오바마는 마지막 질문은 한국 기자에게 주도록 하겠다고 밝히지만 루이청강은 끝까지 굽히지 않았다.

"그럼 여기 있는 한국 친구들이 저에게 그들을 대표해서 질문하게 한다면 어떻겠습니까?"

묘한 분위기가 감돌았다. 이러한 돌출행동은 상대방을 무시하는 처사이며 기자로서의 예의에도 어긋나기 때문이다.

오바마는 직접적으로 거부하기 어려운 상황에 직면했지만 한국 기자들에게 질문을 하라고 재차 요구했다. 그렇게까지 하는데도 한국 기자들이 꿀 먹은 벙어리같이 앉아 있자 번역하는 사람이 있다는 말까지 친절하게 했다. 하지만 당황스럽게도 단 한명의 한국 기자도 질문을 하지 않았다. 오바마는 또 다시 한국기자들을 불러 보지만 대답 없는 메아리일 뿐이었다. 이 때문에 한국 기자들은 오바마를 바보로 만들고 한국의 국격을 떨어트렸다는 비판을 면치 못했다. 오바마는 그만큼 한국 기자들을 배려하는 의도가 분명했음에도 단 하나의 질문도 하지 않았던 것이다.

그 결과 중국 기자가 한국 기자를 대표해서 질문을 하는 황당한 일이 벌어졌다. 이 때문에 어떻게 중국기자가 한국기자를 대표해서 질문을 하게 만들 수 있느냐는 여론이 들끓었다. 중국 기자의 예의를 망각한 행동에 대해 강력하게 비판해도 모자를 판에 한국 기자들은 한심하게도 침묵으로 일관했다는 비난이다.

이는 우리나라 주입식 교육의 병폐를 보여주는 대표적인 사례로 꼽히고 있다.

가르치기 편한
그들만의 교육

　주입식 교육의 근본 문제는 배우는 학생들을 위해 교육하는 것이 아닌 가르치는 선생님이 편한 방식이란 점이다. 이는 답이 이미 정해져 있으므로 평가가 매우 빠르다. 모든 질문에는 답이 있고, 배우는 입장에서는 그 답을 쓰면 된다. 다른 설명은 필요 없다.

　문제를 푼 모든 학생들은 똑같은 방법으로 풀었을 것이다. 답을 채점하는 사람 입장에서는 평가하기 정말 편하다. 그리고 결과에 관련해 많은 사람들이 똑같이 해결했기 때문에 문제가 될 것이 없다.

　우리나라 교육은 공식을 매우 중요시한다.

　약속이라도 한 듯이 정해져 있는 공식의 중요한 점만 뽑아 외우기만 하면 된다. 받아들이고 배우는 입장에서는 고민할 것도 생각할 것도 없기에 즉각적으로 사용한다. 이런 까닭에 교육의 효과가 매우 빠르게 보이지만, 너무 획일화되어 있다. 답은 유일하게 한 가지만 존재하며, 답을 유추하기 위해 가는 길 또한 정해져 있다. 모든 사람들이 다른 생각을 할 수 없고 똑같은 공부를 하고 똑같은 과정을 배워야 한다.

주입식 교육의 가장 큰 단점은 다른 점과 틀린 점을 구별하지 못한다는 점이다. 주입식 교육의 현장을 겪어봤기 때문에 다들 공감할 것이다. 선생님과 생각이 다르거나 혹은 주위에 있는 사람들과 나의 생각이 다르면 틀렸다고 한다. 이렇게 어렸을 때부터 다른 것과 틀린 것을 정확하게 알지 못하고 성장하다 보니, 그 넓은 세상에서 나만 다르면 틀린 것으로 판단하게 되는 큰 단점이 있다.

당신, 영어 잘하는가?
우리나라만큼 토익점수가 높은 나라는 많지 않을 것이다. 어릴 적부터 영어에 광풍이 불어 3살 난 꼬맹이들이 다니는 어린이집조차 영어교육이 특성화 과목으로 배정돼 있다. 영어 유치원이 아닌데도 말이다. 솔직히 이 꼬맹이들이 뭘 알아들을까 싶은데 어린이집의 영어교육 유무가 부모들이 어린이집을 선택하는 기준이 된다고 한다. 이렇게 어릴 적부터 영어를 배우고 자란 아이들이 영어를 유창하게 구사할 수 있을까?
결론적으로 이론은 너무나 잘하는데 성인이 되어서도 실전대화는 하지 못한다.

추종자는 될지언정 리더는 될 수 없다

"한국 학생들은 매우 큰 꿈을 꾸고 열심히 공부한다. 하지만 강의나 토론을 할 때 질문하는 것을 망설여 깜짝 놀랐다. 기존 학문에 도전하고 비판하지 않는 학생들이 자라서 어떻게 사회·문화·경제적 혁신을 이끌 수 있을까?"

스웨덴 왕립과학원 회원이자 예테보리대 물리학과 매츠 존슨 교수는 이렇게 우려를 나타냈다. 이러한 그의 경고는 '추종자는 될지언정 리더는 될 수 없다'는 따끔한 일침으로 받아들여진다.

그들만의 방정식

한국이라는 치열한 경쟁 울타리 속에서 태어나서 유아 때부터 영어유치원 → 사립초등학교 → 국제중학교 → 특목고등학교라는 방정식에서 한 치도 어긋나지 않아야 '명문대 입학'이라는 등식이 성립될 수 있다는 압박감은 이미 자녀를 둔 학부모라면 '한국 사회의 성공법칙'으로 인식되고 있는 실정이다.

몇 년 전, 명문 자사고 고등학교에서 전교 1등을 하던 학생이 아파트 옥상에서 투신자살을 했다. 투신 직전 어머니에게 '머리가 심장을 갉아먹는데, 더 이상 못 버티겠다. 죄송하다'는 문자를 보낸 후 20층 아파트 옥상에서 그대로 뛰어내린 것이다. 전문가들은 경쟁교육에 시달리며 현 위치를 지켜야 한다는 압박감이 학생의 투신 원인이 아닐까 조심스레 추측했다.

누가 우리 학생들을 이렇게 몰아세우고 있는 것인가. 이 같은 기형적 교육시스템은 학생 인격을 파괴하고 정신을 피폐하게 만든다. 또한 높은 대학진학률에도 불구, 기술인력 부족을 비롯해 실업률 상승, 취업률 하락 등으로 이어지면서 다양한 분야에서 국가경쟁력을 떨어뜨리는 주요변수가 된다.

돈이 없는데 무슨 수로
재능을 꽃 피우랴

　가난한 집안의 7남매로 태어난 필자는 독학, 만학, 고학을 해서 검정고시로 서울대 음대를 갔다. 늦었지만 악기를 좋아했기에 스스로 노력해서 이룬 성취였다. 이런 까닭에 아이들도 재능이 있다면 스스로 성장할 수 있으리라 믿었다.

　음악을 하는 아빠 덕분인지 큰 딸은 태어나면서 음악적 재능을 보였다. 작은 라디오에서 나오는 클래식 음악을 좋아했으며, 아장아장 걷기 시작하는 돌 무렵부터 악기들을 만지고 두드렸다. 내 연주 모습을 보며 손바닥을 치면서 박자를 맞췄고, 직접 해보겠다는 의사표시로 손을 뻗으며 의자에 앉혀달라고 했다.

　이렇게 1살이 되던 무렵부터 큰 딸은 바이올린을 시작했는데, 이때만 해도 앞으로 그렇게 많은 돈이 들어갈게 될지 정말 몰랐다.

아이가 좋아하고 재능이 있기에 '스스로 노력해서 되겠지'라고 생각했기 때문에 내가 해줄 수 있는 유일한 조력은 학원 레슨이 전부였다. 그렇게 배우길 몇 년, 하루는 바이올린 선생님께서 나를 찾아오셨다.

"이 아이는 정말 다르네요, 유학 보내세요."

선생님의 칭찬에 어깨가 으쓱하며 기분이 좋은 한편, 그저 가르치는 아이들에게 으레 하는 칭찬인 줄로 여겼다.

바이올린 선생님이 바뀌었는데, 이분 역시 아이를 유학 보내라는 말씀을 하셨다. 하지만 당장 유학 보낼 형편이 안됐기에 우선 좋은 교수를 찾아가야 되겠다 싶어 교수레슨을 시작했다. 하지만 교수 역시 아이가 재능이 뛰어나다며 유학을 권유해 심각한 고민에 빠지게 되었다.

'내가 가진 경제적 능력으로 프랑스, 독일 유학을 보낼 수 있을까.'

혼자 제주도에 갔다.

군대 말년휴가 때 걷고 또 걸으며 선택한 결정으로 나를 바꿔준 제주도에 가면 좋은 결정을 내릴 수 있을 것 같았다. 제주에 도착해 가파도 섬에 들어가 고민을 거듭했다. 한참을 걷다가 드넓은 바닷가를 향해 좋은 방법을 알려달라 소리쳤지만 들려오는 것은 메아리뿐이었다.

사실 내 수입으로 딸의 유학은 어림도 없다는 것을 이미 알고 있었다. 하지만 아버지로서 딸의 장래를 위해 묘책이라도 떠올릴 수 있을까 해서 온 제주였다. 시간이 흘러도 묘책이 없다. 할 수 없이 딸의 유학은 없던 일로 해야겠다는 결론을 내리고 서울로 돌아왔다.

유학은 못 갔지만 재능과 실력이 있던 큰딸은 검정고시를 거쳐 한국예술종합학교를 수석으로 입학·졸업했다. 한국예술종합학교는 서울 음대생들보다 실기를 더 잘하며 국제 콩쿠르를 석권하고 있다. 딸의 지도교수도 국제 콩쿠르 참가를 권했지만 형편이 되지 않아 그 기회마저 도와줄 수 없었다. 참으로 안타깝고 미안했다.

항상 안타깝고 미안함이 컸던 큰 딸이 벌써 대학원을 졸업하고 29살이 되었다. 지금은 MBC 〈복면가왕〉, KBS 〈7080〉 등의 방송에 오케스트라로 출연하고 있으며, 크로스오버 뮤지션으로 살아가고 있다. 내가 부자가 되었으니 지금이라도 국제 콩쿠르에 나가보라고 하면 지금의 음악활동이 더 행복하단 큰딸이다. 뒤통수 맞은 기분이다. 마치 조수미가 야간 업소에서 돈을 벌며 행복하다고 하는 것 같아 마음이 좋지 않다.

조수미는 나와 대학 동창이자 클래스메이트였다. 매우 부유한 집안에서 자란 조수미는 대학 때도 비싼 로얄살롱을 타고 서울대를 다녔다. 그에 반해 나는 굶는 일이 허다하고 학교 운동장 벤치에서 잔적도 많았다. 바로 금수저와 흙수저 차이였다.

작년에 우리 큰딸이 남자친구를 데려왔는데, 밤무대에서 드럼을 친다고 해서 기겁을 하고 반대했다. 선한 인상의 남자였지만 내가 어떻게 키운 딸인데….

그 날 밤, 홀로 술을 마셨다.

내가 더 일찍 부자로 성공했더라면 이런 일이 벌어졌을까? 아마 그랬으면 큰딸은 엘리자베스 국제 콩쿠르에서 당당히 입상하며 국위를 선양하고, 최정상 오케스트라와 협연하면서 국제무대를 주름 잡고 있었을 것이다. 조수미처럼 말이다.

그래도 큰딸에게 고맙다는 말을 하고 싶다.

내게 직접적인 내색을 하지는 않았지만 얼마나 유학을 가고 싶었을 것이며, 갔더라면 어떻게 됐을까에 대해 나보다 더 많은 상상을 하며 안타까움을 스스로 달랬을 것이기 때문이다.

그나마 내가 아이들을 위해 잘한 일은 정규 학교 교육에서 빨리 빼낸 것이다. 음악적 재능과 관심을 많이 보였던 아이에게 실습할 시간과 기회를 찾아줬기에 딸아이가 음악을 지속할 수 있었을 것이라 믿어 의심치 않는다.

2017년 1월, KBS 〈인간극장〉에 나온 성악가를 잊지 못한다. 연대 음대 출신의 바리톤 성악가로서, 각고의 노력 끝에 이탈리아 유학까지 다녀온 분이다. 레슨비를 벌기위해 가이드를 하며 먼 타지에서 유학생활을 하는 동안 코피 터지도록 노력해서 세계적 성악 콩쿠르에서 1등을 하고 돌아오신 분이다. 이분이 멋진 성악가로 활동하고 계실까? TV를 보신 분들은 아시겠지만 이분은 현재 이탈리아 레스토랑 셰프로서 식당을 운영하고 있다. 결국은 돈 때문에 자신이 가장 잘하는 예술을 접은 것이다.

돈이 있어야 재능을 꽃피우며 살아남을 수 있는 법이다.

전국 예술인 평균 월수입은 100만 원이 채 안 된다. 거의 기초수급자보다 조금 나은 정도로 보인다. 하물며 병이라도 얻어 일을 쉬어야 하는 사태가 오면 바로 노숙자 못지않은 형편이 된다.

체면이 밥 먹여주랴!

경매 투자를 하며 주위로부터 여러 소리를 들었다.

서울대 음대 졸업 후 프랑스 유학까지 다녀와 교수생활을 하던 내가 갑자기 경매 투자를 하는 것을 보고 재능이 없다느니, 오죽 못났으면 서울대 음대를 나와 경매 투자를 하고 있느냐며 놀리는 사람도 많았다. 하지만 나는 개의치 않았다. 단지 학벌 좋다는 허울 좋은 이력에 가족을 먹여살려야 하는 가장의 무게를 의지할 순 없었다. 남들 눈에 화려해 보이는 백조도, 쉼 없이 발을 젖지 않으면 물에 빠져 죽는다는 이면이 있지 않은가.

체면이나 자존심은 다른 사람에게는 아무런 의미가 없다. 단지 스스로 그렇게 느낄 뿐이다. 체면이나 자존심이 실체가 없는 허구라는 것을 빨리 깨우쳐야 한다. 체면을 지키려는 것도, 자존심을 지키려는 것도 그 근원은 바로 욕심이다. 나답게 살아가기 위해서는 과감하게 체면을 버려야 한다. 그렇게 되면 당당하게 내 길을 갈 수 있다. 내 길을 걸어가는 즐거움을 맘껏 누릴 수 있는 것이다.

어릴 적부터 음악을 좋아했던 나는 꿈을 이루면 부자가 돼 있을 줄 알았다. 중학교를 중퇴할 정도로 매우 가난했던 나의 학창시절, 갖은 고생 끝에 검정고시를 거쳐 서울대 기악과 졸업, 프랑스 유학, 오케스트라 지휘자라는 타이틀을 거머쥐었다. 하지만 이는 부의 축적에 도움을 주지 못했다. 화려해 보이는 직업이지만 다섯 식구의 생계를 책임질 수 있기는커녕 4,000만 원의 빚과 반지하 빌라를 벗어나지 못했다.

어찌 보면 이런 환경 덕에 경매 투자에 몰두할 수 있었고, 그로 인해 수백 억 원의 자산가가 되었으니 한편으로 과거의 궁색한 생계활동이 감사할 일이다. 적당히 빚을 갚아나가며 끼니 보전할 만큼 벌었으면 나조차도 현실에 안주할 뻔했을 가능성이 높았다.

꿈을 이루는 것과 부자가 되는 것은 다르다.
어릴 적부터 꿈꿨던 음악의 꿈을 이뤘지만 결과적으로 나를 부자로 만든 길은 경매였다. 지금은 꿈도 이뤘고 돈도 많이 벌었으니 결과적으로 일거양득이다.

대부분의 사람은 5가지다.

꿈을 이루고 싶은 자,

꿈을 이뤘으나 부자가 되지 못한 자,

꿈을 이뤘고 부자가 된 자,

꿈을 포기했지만 부자가 된 자,

꿈도 없고 부자도 되지 못한 자

나는 과거 꿈을 이루고 싶은 자였고, 지휘자가 되며 꿈을 이뤘으나 부자가 되지 못한 자였다. 하지만 경매를 만나며 부자가 된 자로 바뀔 수 있었다.

사람들은 이룬 꿈을 통해 부자가 되는 것을 상상한다. 하지만 현실적으로 그런 사람은 많지 않다. 꿈을 이뤘어도 끼니 걱정을 하는 사람이 많다. 반면 사업에 성공한 자, 높은 연봉을 받는 자들은 자본주의적 측면에서는 성공했으나, 그 내면에 진정 원하는 꿈을 간직한 채 사는 경우도 많다. 이렇듯 현실과 이상이 다른 경우가 많다.

　나는 꿈을 이뤘으나 부자가 되지 못한 자, 꿈도 없고 부자도 되지 못한 자들에게 희망을 주고 싶다. 과거 나처럼 지금은 가난해도 내일의 부자가 될 수 있는 방법을 알려주고 싶다. 그래서 경매 사관학교를 만들고자 한다. 경매를 통해 많은 자산을 축척한 노하우를 알려 누구나 부자가 될 수 있는 희망의 디딤돌이 되고 싶다. 돈 한 푼 없이 빚만 있던 내가 이 자리까지 왔으니 누구든지 나보다 더 잘할 수 있다.

경매사관학교

부자가 되고 싶은 간절한 열망이 있는 분을 모십니다.
중도에 포기하지 않을 끈기는 필수입니다.

★ 남·여, 노·소 무관, 학벌불문, 지원자 모집

★ 오디션을 거쳐 합격생을 뽑을 예정

문의사항 ☎ 010-5851-0089

본 책의 내용에 대해 의견이나 질문이 있으면
전화(02)3604-565, 이메일 dodreamedia@naver.com을 이용해주십시오.
의견을 적극 수렴하겠습니다.

제주도 경매왕

제1판 1쇄 인쇄 | 2017년 10월 10일
제1판 1쇄 발행 | 2017년 10월 17일

지은이 | 강신홍
펴낸이 | 한경준
펴낸곳 | 한국경제신문*i*
기획·제작 | (주)두드림미디어

주소 | 서울특별시 중구 청파로 463
기획출판팀 | 02-3604-565
영업마케팅팀 | 02-3604-595, 583 FAX | 02-3604-599
E-mail | dodreamedia@naver.com
등록 | 제 2-315(1967. 5. 15)

ISBN 978-89-475-4253-1 03320

책값은 뒤표지에 있습니다.
잘못 만들어진 책은 구입처에서 바꿔드립니다.